Deutsch
NRW

STARK

© 2023 Stark Verlag GmbH
www.stark-verlag.de

Das Werk und alle seine Bestandteile sind urheberrechtlich geschützt. Jede vollständige oder teilweise Vervielfältigung, Verbreitung und Veröffentlichung bedarf der ausdrücklichen Genehmigung des Verlages. Dies gilt insbesondere für Vervielfältigungen, Mikroverfilmungen sowie die Speicherung und Verarbeitung in elektronischen Systemen.

Inhalt

Georg Büchner: Woyzeck
- 4 Biografie des Autors
- 6 Inhalt
- 8 Aufbau und Form
- 10 Deutungsansätze

Robert Seethaler: Der Trafikant
- 12 Biografie des Autors
- 14 Inhalt
- 16 Aufbau und Form
- 18 Deutungsansätze

Arno Geiger: Unter der Drachenwand
- 20 Biografie des Autors
- 22 Inhalt
- 24 Aufbau und Form
- 26 Deutungsansätze

Unterwegs sein – Lyrik
- 28 Das Thema in literarischen Epochen

Sprache in politisch-gesellschaftlichen Verwendungszusammenhängen
- 34 Grundsätzliche Aspekte und Kommunikationsmodelle
- 36 Sprache und Kommunikation im politischen Feld
- 38 Medien im Wandel
- 40 Diskussionsfelder der digitalen Kommunikation
- 42 Diskussionsfelder der Sprachreglementierung

Allgemeines
- 44 Literaturgeschichte
- 50 Textsorten
- 52 Stilmittel

Inhalt

Hinweis:
Dieser Band enthält **Lernvideos**. Wenn Sie diese über ein Smartphone oder ein Tablet abrufen wollen, können Sie den nebenstehenden QR-Code mit einem  beliebigen QR-Code-Scanner einscannen. Ansonsten finden Sie die Lernvideos auch unter:
http://www.stark-verlag.de/qrcode/lernvideos_554406

Im Hinblick auf eine eventuelle Begrenzung des Datenvolumens wird empfohlen, dass Sie sich beim Ansehen der Videos im WLAN befinden.

Was erwartet mich?

Die **Prüfungsthemen des Deutschabiturs in NRW** (ab 2024) sind breit gestreut und reichen von Büchners Drama *Woyzeck* über die Lyrik des Unterwegs-Seins und verschiedene epische Texte bis hin zu dem Thema „Sprache in politisch-gesellschaftlichen Verwendungszusammenhängen". Bei diesen ganz unterschiedlichen Themen ist es nicht immer leicht, den Überblick zu behalten – Ihnen dabei zu helfen, ist das Anliegen dieses Buches:

- Jede Doppelseite beginnt mit einem **Schaubild**, das ein schnelles Erfassen des Themas ermöglicht und seine zentralen Merkmale veranschaulicht. Durch die grafische Gestaltung werden Zusammenhänge auf einen Blick deutlich und sind so leichter zu behalten.

- Das **„Übrigens"-Kästchen** neben den Grafiken vermittelt wissenswerte, interessante oder kuriose Zusatzinformationen zum Thema. Diese gehören sicher nicht zum Standardwissen, können aber dabei helfen, sich die abiturrelevanten Inhalte besser einzuprägen.

- Die Doppelseiten zu den literarischen Werken sind nach folgenden Rubriken aufgebaut:
  – Eine **Biografie** gibt zentrale Einblicke in die private und berufliche Welt des Schriftstellers.
  – Der Abschnitt **Inhalt** bietet eine prägnante Zusammenfassung der Handlung des Werks.
  – Die Rubrik **Aufbau und Form** stellt u. a. die Struktur des Werks und dessen Sprache dar.
  – Unter den **Deutungsansätzen** werden die wichtigsten Lesarten erläutert.

- Das Kapitel zur **Lyrik des Unterwegs-Seins** erschließt die **zentralen Tendenzen** der **verschiedenen Epochen** im Hinblick auf Themen, Motive und Form.

- Das Thema **Sprache in politisch-gesellschaftlichen Verwendungszusammenhängen** wird auf mehreren Doppelseiten behandelt. Nach einem Kurzüberblick über kommunikationstheoretische Grundlagen werden zentrale Aspekte der politischen Kommunikation erklärt. Dann rücken der Medienwandel und seine Auswirkungen auf den politisch-gesellschaftlichen Diskurs in den Mittelpunkt. Abgeschlossen wird das Thema mit aktuellen Diskussionen um Sprachreglementierungen.

- Im Kapitel **Allgemeines** fasst eine **Mini-Literaturgeschichte** die zentralen Epochen vom Barock bis zur Gegenwart knapp zusammen. Außerdem stellt eine Doppelseite die wichtigsten Merkmale der für das Abitur relevanten **Textsorten** dar. Eine **Stilmittel-Übersicht** mit gut zu merkenden Beispielen rundet das Kapitel ab.

Der STARK Verlag wünscht Ihnen mit dem Buch viel Freude und für das Abitur viel Erfolg!

Georg Büchner: *Woyzeck*

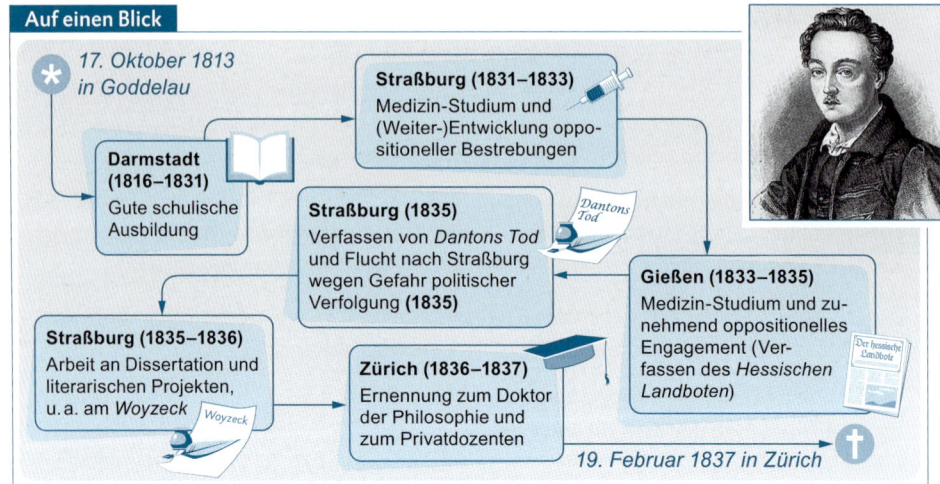

Auf einen Blick

- 17. Oktober 1813 in Goddelau
- Darmstadt (1816–1831): Gute schulische Ausbildung
- Straßburg (1831–1833): Medizin-Studium und (Weiter-)Entwicklung oppositioneller Bestrebungen
- Straßburg (1835): Verfassen von *Dantons Tod* und Flucht nach Straßburg wegen Gefahr politischer Verfolgung (1835)
- Gießen (1833–1835): Medizin-Studium und zunehmend oppositionelles Engagement (Verfassen des *Hessischen Landboten*)
- Straßburg (1835–1836): Arbeit an Dissertation und literarischen Projekten, u. a. am *Woyzeck*
- Zürich (1836–1837): Ernennung zum Doktor der Philosophie und zum Privatdozenten
- 19. Februar 1837 in Zürich

Kindheit und Jugend in Darmstadt (1813–1831)

- Geburt am 17. Oktober 1813 in Goddelau bei Darmstadt (Hessen) als erstes von sechs Kindern
- **Vater** Ernst Karl Büchner: **Arzt** (Chirurg); **Mutter** Louise Caroline Büchner
- 1816: Umsiedelung nach **Darmstadt** wegen neuer Stelle des Vaters
- Bildung des Kindes durch frühen **Privatunterricht** der Mutter → Lesen, Schreiben, Rechnen
- 1821–1825: Besuch der gut ausgestatteten „Privat-Erziehungs- und Unterrichts-Anstalt"
  → **umfassender Unterricht** – u. a. verschiedene Fremdsprachen und naturkundliche Fächer
- ab 1825: Besuch des angesehenen „Pädagogiums" (Ludwig-Georgs-Gymnasium) in Darmstadt
  → **breit gefächerte Ausbildung**, u. a. auch in Rhetorik und Alten Sprachen
- Beförderung des **Geschichtsinteresses** u. a. durch den Vater, der aus der Zeitschrift *Unsere Zeit* vorlas, in der die Ereignisse während der Napoleonischen Kriege geschildert werden
- Lesekreis mit Mitschülern (u. a. mit Karl Minnigerode): Begeisterung für Shakespeare
- auch ansonsten **Interesse für Werke der großen Autoren** (Homer, Sophokles, Goethe etc.)
- zweimaliges Halten einer Rede bei Semesterabschlussfeiern – u. a. Begeisterung für den freiheitsliebenden Cato, der sich selbst tötete, um sich nicht Cäsar unterordnen zu müssen
- gegen Ende der Schulzeit zunehmend **Sympathie für radikale Positionen**, wie sie in der **Französischen Revolution** vertreten wurden
- 1831: **Schulabschluss** (gutes Zeugnis z. B. in Deutsch und Latein, schlechtes Zeugnis in Mathe)

Studium in Straßburg (1831–1833)

- 1831: Beginn des **Studiums an der Medizinischen Fakultät** der **Universität Straßburg**
- Beginn der Liebe zu **Wilhelmine Jaeglé**, bei deren Vater Johann Jakob (Pfarrer) Büchner wohnt
- Lektüre sozialrevolutionärer Schriften – Entwicklung republikanisch-freiheitlicher Vorstellungen
- Dauergast bei Studentenverbindung „Eugenia": neben theologischen und studentischen auch politische Themen → Büchner mit **engagierten, obrigkeitskritischen Überzeugungen**
- Ende 1832: Verschlechterung der Stimmung bei Büchner wegen beengter Atmosphäre in Straßburg (im Vergleich zu Darmstadt)

Biografie

- 1833: heimliche **Verlobung mit Wilhelmine Jaeglé**
- April 1833: Brief der Eltern über die Beteiligung einiger „Pädagogiums"-Schüler am umstürzlerischen **Frankfurter Wachensturm** → Büchners Versicherung, an solchen Aktionen nicht teilzunehmen – aber keine strikte Verurteilung von **Gewalt** als Mittel gesellschaftlicher Veränderung
- Sommer 1833: **Weggang aus Straßburg** → zunächst Aufenthalt in Darmstadt, wo einige seiner ehemaligen Mitschüler wegen des Verdachts, an politischen Unruhen beteiligt gewesen zu sein, verhaftet worden sind → u. a. Falschaussage Büchners, um einen von ihnen zu entlasten

Studium in Gießen (1833–1835)

- 1833: Fortsetzung des **Studiums an der Medizinischen Fakultät** der **Universität Gießen**
- 1834: Bekanntschaft mit dem Schulrektor und **Oppositionellen Dr. Friedrich L. Weidig**
- Lektüre von **Werken** über die **Französische Revolution** → sogenannter „Fatalismus"-Brief an Wilhelmine, in dem Büchner einen „gräßlichen Fatalismus der Geschichte" feststellt
- Gründung der geheimen **oppositionellen „Gesellschaft der Menschenrechte"** in Gießen
- Juli 1834: Druck der von Büchner verfassten und von Weidig entschärften Flugschrift *Der Hessische Landbote* → heftige **Anklage der Obrigkeit** wegen der **gesellschaftlichen Ungerechtigkeiten** → Parole: „Friede den Hütten! Krieg den Palästen!"
- Verhaftung Minnigerodes (Freund Büchners) wegen des Besitzes von 150 Kopien der Flugschrift
- **Durchsuchung der Wohnung und Vernehmung Büchners**
- Winter 1834/35: Aufenthalt in Darmstadt bei den Eltern → **Vorarbeiten** zu *Dantons Tod* (Buchrecherchen zur Französischen Revolution) → Januar/Februar 1835: **Niederschrift von** *Dantons Tod* unter dem Druck, das Werk schnell abzuschließen (wegen drohender Polizeiermittlung)
- März 1835: **Flucht nach Straßburg**, nachdem Büchner nicht persönlich bei einer gerichtlichen Vorladung erschienen war und fürchten musste, steckbrieflich gesucht zu werden
- vorzensierter **Vorabdruck** von *Dantons Tod* in der Zeitschrift *Phönix*

Straßburg und Zürich (1835–1837)

- viele Verhaftungen von Freunden und Verbündeten (u. a. Friedrich Weidig)
- Übersetzungen von Dramen Victor Hugos für den Verleger Sauerländer
- **Veröffentlichung** der **Buchausgabe von** *Dantons Tod* im Juli 1835
- Arbeit an der Erzählung *Lenz*
- Herbst/Winter 1835/36: Intensivierung der **Doktorarbeit** (nervliche Verbindungen bei Fischen)
- zweite Hälfte des Jahres 1836: **Arbeit an den Dramen** *Woyzeck* **und** *Leonce und Lena*
- Promotion zum **Doktor der Philosophie** an der Universität Zürich, Umzug nach Zürich, Ernennung zum Privatdozenten – Beginn universitärer Lehre
- Tod nach schwerer Erkrankung an Typhus am 19. Februar 1837
- Drama *Woyzeck* erst 1879 veröffentlicht und 1913 im Residenztheater München uraufgeführt

Werkauswahl

- Drama *Dantons Tod* (verf. 1835): Darstellung des von konträren Weltbildern geprägten Konflikts über die Fortführung der Französischen Revolution am Schicksal des Politikers Danton
- Novelle/Erzählung *Lenz* (verf. 1835): Schilderung der zunehmenden geistigen Verwirrtheit des Schriftstellers Jakob Michael Reinhold Lenz
- Lustspiel *Leonce und Lena* (verf. 1836): verwickelte Liebesgeschichte zweier Königskinder als satirische Karikatur zeitgenössischer Kleinstaaten und humorvolle Distanzierung von der Romantik

Georg Büchner: *Woyzeck*

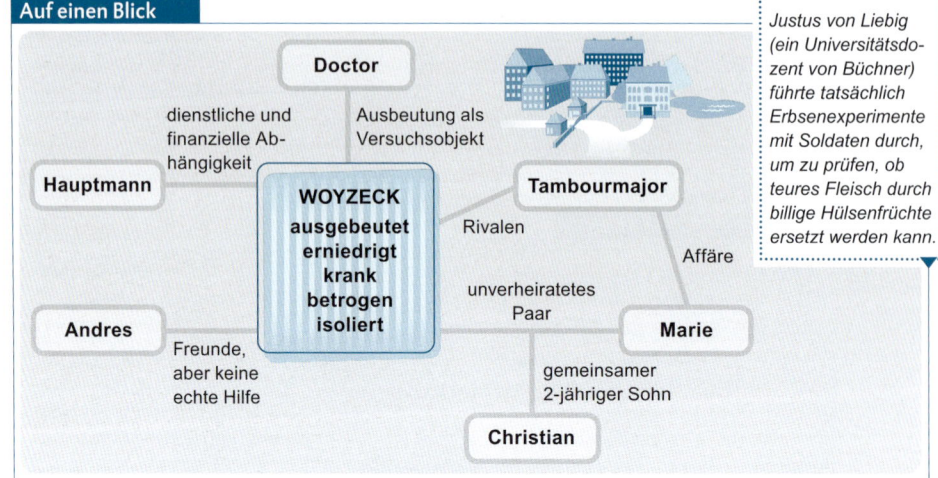

Woyzeck, Dramenfragment mit 27. Szenen

- **1. Szene, Freies Feld. Die Stadt in der Ferne:** einfache Soldaten Woyzeck und Andres beim Schneiden von Stöcken → Woyzecks **Wahnvorstellung**, dass sie sich an einer Hinrichtungsstätte der Freimaurer befänden und der Boden unter ihnen hohl sei; Wahrnehmung von Stimmen und Zeichen am Himmel
- **2. Szene, In der Stadt:** Tambourmajor mit Militärkapelle an Maries offenem Fenster vorbei: Marie mit ihrem kleinen Jungen auf dem Arm; Streit mit der Nachbarin Margareth wegen eines Flirts mit dem attraktiven Tambourmajor; Besuch von Woyzeck an Maries Fenster: Schilderung seiner Wahnvorstellungen, zunehmende Sorge Maries um Woyzeck
- **3. Szene, Buden. Lichter. Stadt:** Woyzeck und Marie auf dem Jahrmarkt; Vortrag des Ausrufers über Tiere mit magischen Fähigkeiten und über die fließende **Grenze zwischen Mensch und Tier** → Marie im Blickfeld des Tambourmajors, gelangt mithilfe des Unteroffizier zu Tambourmajor in die erste Reihe in der Jahrmarktsbude
- **4. Szene, Maries Kammer:** Selbstbetrachten Maries im Spiegel mit den neuen Ohrringen vom Tambourmajor → Beklagen der Ungleichheit der Menschen, Feststellen ihrer eigenen Schönheit; Eintreten Woyzecks, in dem beim Anblick der Ohrringe ein **Verdacht** aufkommt; Überreichen seines Wochenlohns, Anflug von schlechtem Gewissen bei Marie
- **5. Szene, Zimmer:** Rasieren des Hauptmanns als Woyzecks Nebenverdienst: Woyzeck vom Hauptmann zur Langsamkeit ermahnt; Woyzeck sei laut Hauptmann ein guter Mensch, ihm fehle aber Moral, was sein uneheliches Kind beweise → Woyzecks Rechtfertigung mit der Liebe Gottes für alle Menschen und mit der Unmöglichkeit, als armer Mensch **moralisch** und tugendhaft leben zu können
- **6. Szene, Gasse:** intensiver Flirt und Körperkontakt zwischen Tambourmajor und Marie
- **7. Szene, Gasse:** Konfrontation zwischen Marie und Woyzeck, der die Begegnung zwischen ihr und Tambourmajor beobachtet hat → Maries abwehrende und gleichgültige Reaktion
- **8. Szene, Labor des Doctors:** Ärger des Doctors, dass Woyzeck „an die Wand gepisst" hat, obwohl er im Rahmen einer bezahlten Erbsendiät Urinproben abgeben muss

→ Gedanken des Doctors über die **Dominanz der Willensfreiheit** des Menschen über die tierische Natur; Woyzecks Bericht über die „doppelte Natur" → begeisterter Doctor diagnostiziert eine durch das Experiment versursachte **Psychose**
- **9. Szene, Straße:** Klagen des Hauptmanns über Hektik und über seine **Melancholie** vor dem Doctor, der vernichtendes Urteil über den körperlichen Zustand und über die Lebenserwartung des Hauptmanns fällt; Erscheinen Woyzecks: Anspielungen des Hauptmanns auf die Affäre zwischen Marie und Tambourmajor → Woyzeck davon tief getroffen und verstört
- **10. Szene, Der Hof des Professors:** Woyzeck als **Anschauungsobjekt** in der Vorlesung eines Professors, der aus Erkenntnisinteresse Katze aus Fenster werfen will; Aufruf des Doctors an die Studenten, Woyzeck zu betrachten, der von vierteljähriger Erbsendiät **völlig entkräftet** ist
- **11. Szene, Wachstube:** Lärm von Musik und Tanz in der Nähe der Wachstube der Soldaten → Entschluss des misstrauischen Woyzeck, sich zu Menschenmenge zu begeben
- **12. Szene, Wirtshaus:** Marie und Tambourmajor beim gemeinsamen Tanz heimlich von Woyzeck beobachtet: **Wut** und **Eifersucht**, aber auch **Bewunderung** der Schönheit Maries; pseudophilosophische Predigt eines Handwerksburschen
- **13. Szene, Freies Feld:** Woyzeck vernimmt Stimmen im Boden und im Wind, die ihm befehlen, Marie zu erstechen
- **14. Szene, Zimmer in der Kaserne:** schlafloser Woyzeck weiterhin von Stimmen verfolgt
- **15. Szene, Wirtshaus: Protzerei** des Tambourmajors; Wortgefecht und Kampf zwischen Tambourmajor und Woyzeck → Niederlage Woyzecks, leise **Drohung**
- **16. Szene, Trödlerladen:** Kauf eines Messers durch Woyzeck
- **17. Szene, Maries Kammer:** Marie von **Schuldgefühlen** geplagt, aber außerstande und unwillig, ihr Verhalten zu ändern → Suche nach tröstlichen Geschichten in der Bibel; Klage über Woyzecks Fernbleiben
- **18. Szene, Kaserne:** Woyzeck verschenkt seine Habseligkeiten an Andres, zieht eine ernüchternde Lebensbilanz und ignoriert Andres' medizinischen Ratschlag
- **19. Szene, Vor der Haustür:** Großmutters **Anti-Märchen** über ein armes Waisenkind mit Marie und mehreren Kindern als Zuhörern; Woyzecks barsche Aufforderung an die zögerliche Marie, mit ihm nach draußen zu kommen
- **20. Szene, Freies Feld:** Wunsch der zunehmend verängstigten Marie, nach Hause zu gehen → Woyzeck ersticht Marie und flieht vor herannahenden Menschen in die Nacht
- **21. Szene, Freies Feld:** zwei Passanten als Zeugen des Mordes
- **22. Szene, Wirtshaus:** Unterhaltung des singenden und tanzenden Woyzeck mit Käthe, die aber Blutspuren an ihm entdeckt → Flucht Woyzecks vor misstrauischen Wirtshausgästen
- **23. Szene, Stadt:** Verbreitung der Nachricht unter zwei Kindern, dass die Leiche einer Frau gefunden wurde → Eilen vieler Schaulustiger zum Tatort
- **24. Szene, Freies Feld:** Rückkehr Woyzecks an den Tatort, um die zurückgelassene Tatwaffe zu suchen; spöttische Fragen an Maries Leiche → erneute Flucht vor herannahenden Menschen
- **25. Szene, Teich:** Versenken des Messers im Teich und Abwaschen der Blutflecken
- **26. Szene, Freies Feld:** Begutachtung von Maries Leiche durch eine vierköpfige Mordkommission: Freude über den „schönen" Mord
- **27. Szene, Stadt:** Woyzecks Versuch, seinen Sohn Christian zu liebkosen, der sich aber abwendet → Woyzeck bezahlt den Narren Karl dafür, seinen Sohn mitzunehmen und ihm einen Lebkuchen zu kaufen

Auf einen Blick

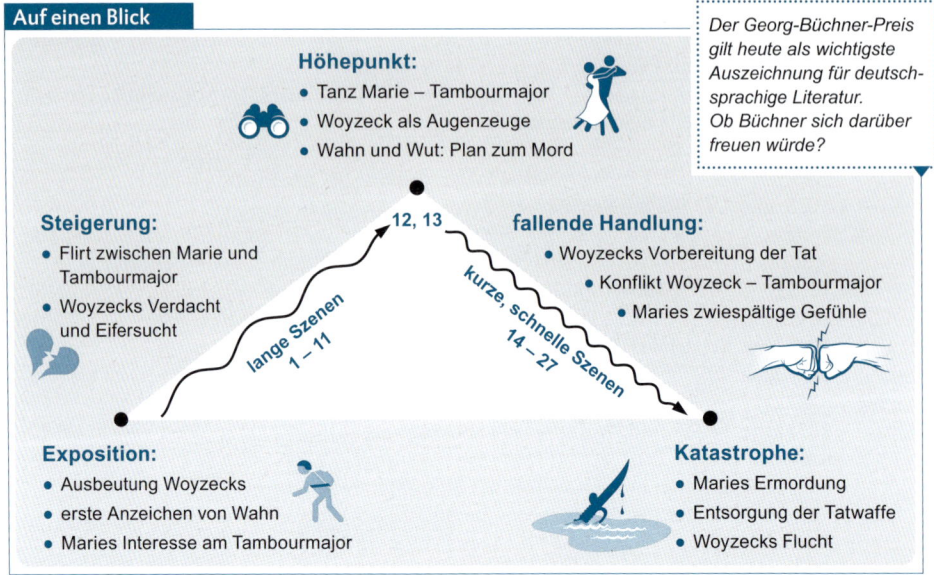

Der Georg-Büchner-Preis gilt heute als wichtigste Auszeichnung für deutschsprachige Literatur. Ob Büchner sich darüber freuen würde?

Höhepunkt:
- Tanz Marie – Tambourmajor
- Woyzeck als Augenzeuge
- Wahn und Wut: Plan zum Mord

Steigerung:
- Flirt zwischen Marie und Tambourmajor
- Woyzecks Verdacht und Eifersucht

12, 13

lange Szenen 1 – 11

kurze, schnelle Szenen 14 – 27

fallende Handlung:
- Woyzecks Vorbereitung der Tat
- Konflikt Woyzeck – Tambourmajor
- Maries zwiespältige Gefühle

Exposition:
- Ausbeutung Woyzecks
- erste Anzeichen von Wahn
- Maries Interesse am Tambourmajor

Katastrophe:
- Maries Ermordung
- Entsorgung der Tatwaffe
- Woyzecks Flucht

Aufbau und Form

- Dramenfragment *Woyzeck* als von Büchner nicht vollendetes Werk: **Szenenfolge nachträglich arrangiert** (anhand verschiedener Handschriften), keine Gliederung in Akte
- **Kürze** der Szenen = komprimierte, skizzenhafte Momentaufnahmen → **Aneinanderreihung** von Bildern
- Szenen werden ab 12. Szene kürzer, als Woyzeck Marie beim Tanzen sieht und Mordplan fasst → Handlung nimmt an **Geschwindigkeit** zu, unvermeidbares Zulaufen auf die Katastrophe
- **Zeitstruktur:** Handlung dauert ca. **48 Stunden** → äußerst gedrängte Zeitstruktur – auch aufgrund der **Simultaneität** einiger Szenen
- **Raumstruktur:** Stadt in Hessen (Dialekt!); Räume als wichtige **Bedeutungsträger:**
  - **Räume der Enge: Maries Kammer** → bedrückende Existenz, nur Kurzbesuche durch Woyzeck; Fenster als willkommene Verbindung zur Außenwelt; **Woyzecks Kaserne** → Halluzinationen, Schlaflosigkeit, Unruhe: notwendige Flucht nach draußen
  - **Räume der Öffentlichkeit:** Jahrmarkt, Gasse, Wirtshaus, freies Feld → für Marie Orte der **Freiheit** und des Vergnügens, aber auch ihres Todes → für Woyzeck Orte der **Demütigung** und **Verlorenheit**
  - → Spiegelung der jeweiligen Befindlichkeit der Figur durch Räume (trotz beinahe vollständigem **Fehlen von Regieanweisungen** zum Aussehen der Schauplätze)
- *Woyzeck* galt lange Zeit als **Musterbeispiel eines offenen Dramas:** revolutionäre Aufhebung der Einheit von Ort, Zeit und Handlung (und von Stand und Sprache) → **Gegenargumente:**
  - stimmiges Gesamtgeschehen: Handlung um Woyzecks zunehmende Psychose im Zusammenspiel mit der Affäre zwischen Marie und Tambourmajor als sich **steigerndes Element**
  - **Verklammerung** der Szenen durch Motive (z. B. „Messer" und „schneiden", „heiß" und „kalt", Farben Schwarz und Rot) → bedrohliche **Atmosphäre**, **Vorausdeutung** auf Ende

Aufbau und Form

Sprache und Stil

- Zweiteilung des sprachlichen Codes in *Woyzeck* → **schichtenspezifische Sprache**
- Sprache der **Funktionsträger der gesellschaftlichen Ordnung** (Hauptmann, Doctor):
  - Benennung durch Beruf bzw. Rang: keine echten Figuren, eher **Typen**
  - Sprache als Mittel zur **Ausübung von Herrschaft** und zur Zementierung des Status quo: Lenken des Gesprächs, Erteilen von Befehlen (direktive Sprechakte), **Selbstdarstellung** (Melancholie des Hauptmanns, wissenschaftlicher Ruhm des Doctors)
  - **Hauptmann:** Hochwertbegriffe (z. B. „moralisch") als Worthülsen für eine konfuse Argumentation, die **Gutmütigkeit** vortäuscht, aber Herablassungen und **Schadenfreude** enthält
  - **Doctor:** medizinisch-philosophische Fachbegriffe (im Dienste des vermeintlichen Erkenntnisgewinns) als rhetorischer Deckmantel für **zynische Menschenverachtung** und Degradierung des Menschen zum Versuchs- und Anschauungsobjekt
  - **Vortragscharakter** ihrer Äußerungen → Ungleichgewicht der Sprechanteile
  - → keine kommunikative Hinwendung zu Mitmenschen (nur Er-Anrede an Woyzeck!), **keine Anteilnahme**, Festhalten am **Jargon**
- Sprache der **armen, einfachen Leute** als Opfer der gesellschaftlichen Verhältnisse:
  - Benennung durch echte Namen: Woyzeck, Marie, Andres etc. → Individuen, **Charaktere**
  - Sprache als **Ausdruck ihrer Notlage:** knapp, direkt, umgangssprachlich
  - Ellipsen, Satzabbrüche, Interjektionen → **Authentizität, Ehrlichkeit** der Figuren, Ausdruck ihrer **Unbeholfenheit** und Not
  - **Dialoge:** aneinander vorbeireden statt aufeinander eingehen → **sprachliche Isolation**
  - **Woyzeck: biblisch-apokalyptische Wendungen** als Hilfe, um seine psychotischen Erfahrungen mitteilbar zu machen; oftmals grüblerisch-doppeldeutige Sprache → dennoch Fähigkeit zur klaren Formulierung (z. B. zum Verhältnis von Geld und Moral)
  - **Marie: dinghaft-konkrete Sprache** als Mittel, ihre Lage zu beschreiben („ich bin nur ein arm Weibsbild."), ihr Begehren auszudrücken („Rühr mich an!") oder Unangenehmes zu leugnen („Und wenn auch.") → Ausdruck ihrer Sehnsucht nach besserem Leben
  - **Bibelstellen, Volkslieder, Märchen:** da Ausdrucksvermögen der Figuren ungenügend, Rückgriff auf vorgeformte sprachliche Versatzstücke (die als Trost und als Sinnangebote gedacht sind) → in *Woyzeck* Betonung des pessimistischen Weltbildes (z. B. Anti-Märchen der Großmutter) oder Vorausdeutungen auf tragische Ereignisse (z. B. Märchen-Zitate des Narren)
- weitere Figuren: aufdringliche Sprache des **Ausrufers** (auf Sensationsbedürfnis des Publikums gerichtet), derb-anzügliche Sprache des **Tambourmajors** (zur Protzerei und Triebbefriedigung)

Gattungsbestimmung und Epochenzugehörigkeit

- **Tragödie/bürgerliches Trauerspiel:** zwingendes Zulaufen auf die Schlusskatastrophe, ABER: Verstoß gegen alle Standeskriterien, da sog. vierter Stand („Proletariat") im Personal des Dramas
- *Woyzeck* als erstes **„soziales Drama":** Konflikt bedingt durch soziale Umstände (Armut, Ausbeutung, Unterdrückung), Untergang eines chancenlosen „underdog"
- **Vormärz:** Abwenden vom Idealismus der Klassik und Romantik, Hinwenden zur Realität und zur sozialen Ungerechtigkeit (im Naturalismus *Woyzeck* als Vorläufer interpretiert: soziales Elend, Determination; im Expressionismus sensibler und wahnsinniger Woyzeck als Schlüsselfigur)
- Wegbereiter der **Moderne:** Büchners psychologisches Interesse für Elend und Entfremdung, für Krisen der Identität; Innovativität der Sprache und der Dramenkonzeption von *Woyzeck*

Auf einen Blick

Historisch-biografisch
- Debatte um Zurechnungsfähigkeit des historischen Woyzeck
- Büchners Erfahrungen mit Unterdrückung

Philosophisch
- Kritik an lebensferner Moral und am Idealismus
- Determinismus und Materialismus

Psychologisch
- Erniedrigung, Ausbeutung, Überlastung, Isolation
- Woyzecks Krankheit als Folge: Psychose

Soziologisch
- kein gesellschaftlicher Zusammenhalt
- keine Hilfe der Starken für die Schwachen
- soziale Ungerechtigkeit und ihre Folgen

Eine Kulturzeitschrift bezeichnete Georg Büchner 2013 – in Abgrenzung vom Dichterfürsten Goethe – als „Dichter-Punk".

→ keine Allgemeingültigkeit nur eines Deutungsansatzes, sondern immer Zusammenspiel mehrerer Lesarten

Historisch-biografische Lesart

- **historischer Johann Christian Woyzeck** (gelernter Perückenmacher, dann Soldat und Gelegenheitsarbeiter ohne festen Wohnsitz): Ermordung seiner Geliebten Johanna Christiane Woost 1821, Enthauptung auf Leipziger Marktplatz 1824 → Diskussion über die **Zurechnungsfähigkeit von Mördern**
- Büchners Lektüre der strittigen psychiatrischen Gutachten von Dr. Clarus über Woyzeck → Drama *Woyzeck* als sein Beitrag zur zeitgenössischen Debatte
- Büchners Interesse für politische Verhältnisse und Engagement für gerechtere Gesellschaft: „Friede den Hütten, Krieg den Palästen!" *(Hessischer Landbote)* → historischer Woyzeck als „willkommenes" Beispiel für die Folgen der **Verarmung ganzer Bevölkerungsschichten** im frühen 19. Jahrhundert (sog. vorindustrieller Pauperismus)
- Büchners Erfahrungen in der Restaurationszeit als politisch Unterdrückter und Verfolgter: **fehlende Solidarität** der Höherstehenden mit den Schwächeren der Gesellschaft → keine Veränderungen oder gar Revolutionen möglich

Philosophische Lesart

- **Woyzecks Entwicklung** vom einfachen Soldaten und unverheirateten Familienvater zum Wahnsinnigen und Mörder
- keine Hochzeit mit Marie möglich, da er als Soldat das vorgeschriebene Vermögen nicht aufbringen kann → Beziehung zu Marie gesellschaftlich **geächtet**
- wegen finanzieller Verantwortung (für Marie und ihr gemeinsames Kind) **Nebentätigkeiten** notwendig: Rasieren des Hauptmanns, Versuchsobjekt bei Doctor, Assistent bei Professor → trotz **Hetze** und **Überbelastung**: keine Befreiung aus seiner kümmerlichen Lage
- krank durch **Ernährungsexperiment** des Doctors: physische (erhöhter Puls, Zittern, Schwindelanfälle, Kopfschmerzen, Haarausfall) und psychische Symptome (Hören von Stimmen, Weltuntergangsvisionen, Verfolgungswahn) → **schwere Psychose**
- **Beleidigungen** und **Erniedrigungen** durch Hauptmann: Vorwürfe wegen unehelichem Kind, spöttische Anspielungen auf Affäre zwischen Marie und Tambourmajor

Deutungsansätze

- Tambourmajor als körperlich überlegener **Rivale:** Ausspannen der Geliebten, Hohn und **Gewalt**
- durch **Maries Betrug** Verlust seines wichtigsten Halts im Leben → **Leidensdruck** wird zu groß: endgültiges Abgleiten in den Wahn, Planen und Ausführen des Mordes
- Auslöser der Mordtat: Eifersucht und Betrug → tiefere Ursachen: **entwürdigende Lebensbedingungen** eines geschundenen, deformierten und isolierten Menschen

Philosophische Lesart

- Kritik an Theorie der **Evolution** und des Fortschritts der Zivilisation (Teleologie): Betonung der Nähe zwischen menschlichem und tierischem Verhalten („vernünftige Viehigkeit" – „viehische Vernunft") → **Blasiertheit** der Menschen bei offenkundig animalischem Verhalten
- Frage nach der Umsetzbarkeit von **Moral:** uneingeschränkte Gültigkeit für jeden Menschen (laut Hauptmann) oder Frage von Vermögen und Stellung (laut Woyzeck) → schichtenspezifische Gebundenheit von Werten
- **Determinismus:** Abhängigkeit menschlicher Handlungen von jeweiligen **Lebensumständen** → keine Möglichkeit für den Einzelnen (v. a. den Niedriggestellten), Lauf der Dinge oder eigenes Leben bewusst zu steuern oder sogar zu verbessern
- Kritik am **Idealismus:** Idee der Selbstbestimmung des Menschen → Wille und Vernunft sollen Gefühle, Bedürfnisse, Triebe beherrschen (mit überlieferter Moral als Leitfaden)
- Gefühl der moralisch-intellektuellen Überlegenheit der Idealisten (Hauptmann, Doctor): keine Akzeptanz anderer Einflüsse (Individualität, Sozialisation, Bildung, Besitz usw.) → Arroganz, Ignoranz und **Unmenschlichkeit**
- Betonung des **Materialismus:** nicht Denken und Handeln gestalten die Lebensbedingungen, sondern die Lebensbedingungen prägen das Denken und Handeln → gesellschaftliche Umstände und Besitzverhältnisse formen den Menschen

Soziologische Lesart

- Starke helfen Schwachen nicht, Starke verachten sich gegenseitig (Hauptmann vs. Doctor), Starke schließen im Zweifel Bündnis gegen Schwache, Schwache betrügen und ermorden sich gegenseitig → **Fehlen des gesellschaftlichen Zusammenhalts**
- kein Schutz durch Hauptmann (Woyzecks Vorgesetzter!): kein Gefühl von Verantwortung für seinen Untergebenen → stattdessen **Abgrenzung nach unten** zum Erhalt der eigenen Position
- Fortführen der Experimente trotz Woyzecks offensichtlicher Krankheit → **Missachten des hippokratischen Eides**, Degradierung des Menschen zum Versuchsobjekt
- Selbstcharakterisierung Woyzecks („Wir arme Leut"/„ich bin ein armer Kerl"): **Bewusstsein des eigenen sozialen Ortes** als bedrückende Erfahrung → aber keine Wut auf den verantwortlichen „Unterdrückungsapparat", sondern auf seine Freundin Marie
- soziale Unterschiede als reine **Äußerlichkeiten** (vgl. 3. Szene: Tiere als Menschen verkleidet): Ungerechtigkeit der gesellschaftlichen Realität, willkürliche Verteilung von Privilegien und Besitz
- dysfunktionale Kommunikation und Sprachlosigkeit: gleichzeitig Symptome und Konsequenzen der **sozialen Spaltung**
- Armut mit all ihren Folgen als „Gift" für zwischenmenschliche Beziehungen und Gesellschaft
- Büchner: „Ich verachte Niemanden, am wenigsten wegen seines Verstandes oder seiner Bildung, weil es in Niemandes Gewalt liegt, kein Dummkopf oder kein Verbrecher zu werden, – weil wir durch gleiche Umstände wohl Alle gleich würden, und weil die Umstände außer uns liegen."

Robert Seethaler: *Der Trafikant*

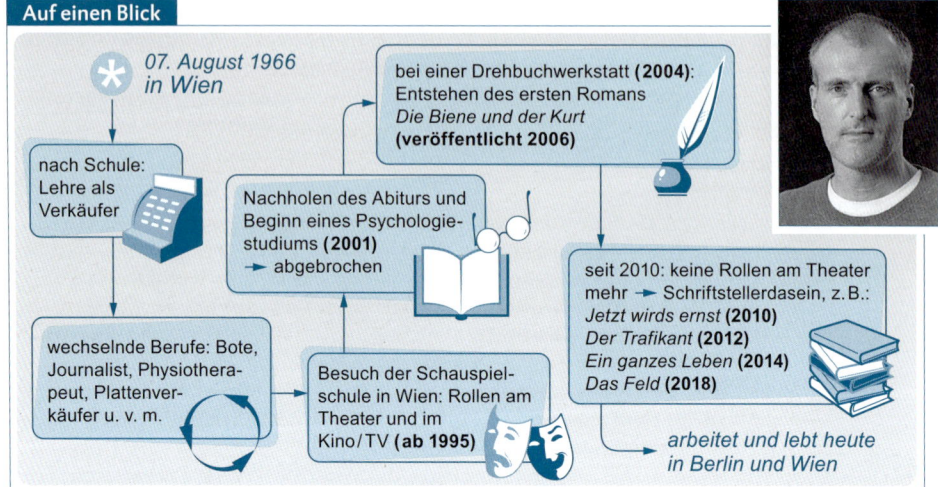

Kindheit und Schulzeit (1966 – ca. 1981)

- am 07.08.1966 in **Wien** geboren und aufgewachsen, Einzelkind
- Vater = Installateur, Mutter = Sekretärin → Arbeiterfamilie
- extreme Sehschwäche seit der Geburt (fast minus 20 Dioptrien): Vielzahl von Arztbesuchen und Operationen → **Konzentration auf innere Bilderwelt** und Fantasie als Zuflucht; häufige Motive in seinen Texten: Blicke, Geräusche
- Besuch einer Grundschule für Sehbehinderte: einsames Außenseiter-Dasein, **Beginn von Schamgefühlen**, Widerspruch zwischen enormer Körpergröße (heute beinahe 2 m groß) und innerem Gefühl des Klein-Seins
- mit 15 Jahren **vom Gymnasium geflogen** wegen diverser Verstöße: aus „Eigenschutz" zum „wilden Rabauken" (Zitat Seethaler) geworden

Einstieg ins Berufsleben und Schauspielerei (ca. 1981 – 2003)

- nach Schule: zunächst **Lehre als Verkäufer**
- dann **wechselnde Tätigkeiten** in vielen verschiedenen Berufsfeldern: Botenjunge bei der Zeitung *Kurier* (auch Verfassen kürzerer Texte für den Sportteil), Arbeit auf einer Truthahnfarm in Israel, Physiotherapeut, Plattenverkäufer, Berufsschullehrer u. v. m.
- Besuch der **Schauspielschule in Wien:** Schauspielerei als Gegenmaßnahme gegen Schamgefühle → ab 1995 viele Auftritte am **Theater** (u. a. in Berlin, Hamburg, München, Wien)
- seit 1997 auch viele Rollen in **Kino- und Fernsehproduktionen:** u. a. von 2003 bis 2016 in der Rolle des Pathologen Dr. Kneissler in der ZDF-Serie *Ein starkes Team* und 2015 im prämierten Kinofilm *Ewige Jugend* von Paolo Sorrentino
- Nachholen des Abiturs und 2001 (mit 35 Jahren) Beginn eines Psychologiestudiums → laut Seethalers eigener Aussage als später Versuch, seinen Arbeiterkind-Status zu kompensieren, und aus **Interesse am Seelenleben der Menschen** und an den Triebfedern ihrer Handlungen
- später: **Abbruch des Studiums**, weil das Schreiben zunehmend wichtiger wurde und Seethaler lieber vom Seelenleben erzählen wollte

Biografie

Karriere als Schriftsteller (2004 – heute)

- 2004: Besuch einer **Drehbuchwerkstatt** an der Hochschule für Fernsehen und Film München → aus dem Drehbuch wird ein Roman: *Die Biene und der Kurt* (2006)
- weitere Drehbücher: *Heartbreakin'* (2005), *Die zweite Frau* (2006), *Harry Stein* (2008); ABER: Leiden an eingeschränkter künstlerischer Freiheit beim Schreiben von Drehbüchern
- zunehmende **Hinwendung zum Schriftstellerdasein**: *Die weiteren Aussichten* (2008), *Jetzt wirds ernst* (2010), *Der Trafikant* (2012), *Ein ganzes Leben* (2014), *Das Feld* (2018) → laut Seethaler: beim Schreiben ist – im Gegensatz zur Schauspielerei – stiller Blick in die Tiefe möglich
- zahlreiche Stipendien und Auszeichnungen – sowohl für Bücher als auch für Drehbücher
- 2010: **Beenden der Tätigkeit als Theaterschauspieler**, da dies im Widerspruch stehe zu seinem eigentlichen Wunsch, sich zu verstecken, und aus Scham gegenüber dem Publikum – ABER: bis heute **weiterhin Kino- und Fernsehrollen**, da hier direkter Kontakt zu Zuschauerinnen und Zuschauern nicht nötig ist
- 2016: Nominierung für renommierten *Man Booker International Prize*
- 2018: **Verfilmung** von *Der Trafikant*

Leben heute

- **wenig öffentliche Auftritte und Interviews** von Seethaler
- hat einen Sohn
- arbeitet und lebt in **Berlin** und **Wien**

weitere Romane von Seethaler

- *Die Biene und der Kurt* (2006): ein **aus dem Internat geflüchtetes Mädchen** unternimmt mit einem abgestürzten Schlagersänger einen skurrilen **Roadtrip quer durch die Provinz**
- *Die weiteren Aussichten* (2008): auf dem Land angesiedelte **Liebesgeschichte** zwischen einem Tankstellenbesitzer und einer Putzfrau
- *Jetzt wird's ernst* (2010): Geschichte eines **Jungen aus der Provinz**, der Freundschaft und das erste Verliebtsein erlebt und unbedingt Theaterschauspieler werden will
- *Ein ganzes Leben* (2014): Roman über das **verlustreiche Leben eines Bergarbeiters**, der zu Beginn des 20. Jahrhunderts seine große Liebe findet und sie wieder verliert
- *Das Feld* (2018): **Rückblick von mehreren Toten** auf ihr zurückliegendes Kleinstadt-Leben
- **werkübergreifende Themen:** Liebe, Tod, Leben als Überlebenskampf, Schwierigkeiten des Lebens

Verfilmung von *Der Trafikant* (2018)

- Regie (Nikolaus Leytner) und Drehbuch (Nikolaus Leytner mit Klaus Richter)
- Seethaler lehnte ab, das Drehbuch zu schreiben → **Furcht vor zu großen Einschnitten in seine künstlerische Freiheit**
- **Schauspieler*innen:** u. a. Simon Morzé als Franz Huchel, Bruno Ganz als Sigmund Freud, Emma Drogunova als Anezka und Johannes Krisch als Otto Trsnjek
- **sehr werkgetreue und aufwendige Verfilmung** von Seethalers Roman
- **Rezeption:** Lob für gute schauspielerische Leistungen, ABER: häufige Kritik an der hyperrealen, leblosen Kulissenhaftigkeit des Films und am Fehlen des leichten Tons von Seethalers Buch, das im Gegensatz zum Film ins Innere der Figuren blickt

Robert Seethaler: *Der Trafikant*

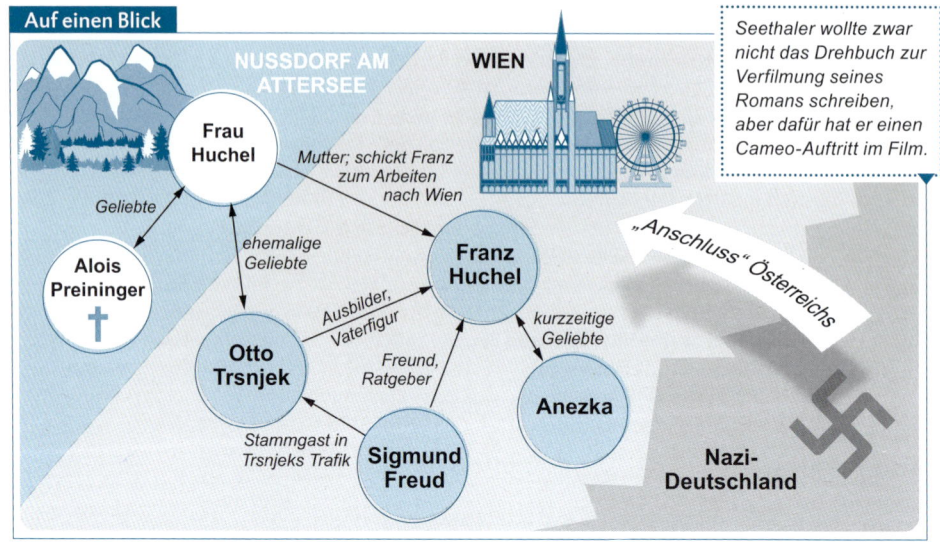

Franz als Lehrling in Wien

- 1937: 17-jähriger **Franz Huchel** lebt mit seiner Mutter in Fischerhütte im österreichischen Nußdorf am Attersee
- Tod von Alois Preininger (Geliebter der Mutter, der ihr monatlich Schecks schickt) → Mutter kann Franz nicht mehr versorgen, schickt ihn zum Arbeiten zum Jugendfreund **Otto Trsnjek** = **Leiter einer Trafik in Wien** (Trafik: kleines Geschäft für Zeitungen, Zeitschriften, Tabakwaren)
- Ankunft in der Trafik: **Franz als Lehrling** von Trsnjek (Kriegsinvalide, geht auf Krücken, da linkes Bein fast vollständig fehlt) → Einführung in Verkauf von Zeitungen, Zigaretten und Zigarren; Kammer hinter Verkaufsraum als Franz' Quartier, wöchentlicher **Briefwechsel mit Mutter**
- Einüben in **Zeitungslektüre**, um Horizont zu weiten und Kunden beraten zu können → erste **Einblicke in Größe der Welt** und Politik, Kennenlernen der vielfältigen Wiener Kundschaft
- Bekanntschaft mit Psychoanalytiker **Sigmund Freud** (81 Jahre alt, Stammgast der Trafik): Franz' Gespräch mit Freud über dessen Arbeit und Bücher → Freuds Empfehlung an Franz: Abenteuer erleben und Mädchen kennenlernen
- Franz' Besuch des Praters (Vergnügungspark) → **Begegnung mit böhmischem Mädchen:** Besuch einer Schießbude, gemeinsames Essen, Trinken und Tanzen, bis es einfach verschwindet

Franz' Kampf um Anezka

- **Attacke auf die Trafik:** „Schleich dich, Judenfreund!" mit Tierblut an Ladenscheibe geschmiert → Metzger Roßhuber verdächtigt; Trsnjek als **Gegner des Nationalsozialismus**
- Franz' lange vergebliche **Suche nach dem böhmischen Mädchen**, in das er sich verliebt hat
- während Weihnachts-/Silvesterzeit: Franz alleine in Trafik, sucht Rat bei Freud, den er mit Zigarre bezahlt → **Freuds drei Rezepte für Franz:** 1. nicht mehr über die Liebe nachdenken, 2. nach dem Erwachen Träume aufschreiben und 3. das Mädchen zurückholen oder es vergessen
- 01.01.1938: Bestechung eines Kellners im Prater → Info für Franz, er solle in gelbem Haus in der Rotensterngasse nach dem böhmischen Mädchen suchen, wo er es dann auch findet

Inhalt

- Franz' Spaziergang mit böhmischem Mädchen = **Anezka** (20 Jahre alt; Kindermädchen, Köchin und Haushaltshilfe) → gemeinsames Essen, dann **Liebesnacht in der Trafik**
- an nächstem Tag und nächsten Wochenenden: **Anezka unauffindbar** für verliebten Franz
- eines Nachts: Auftauchen Anezkas, **wieder gemeinsame Liebesnacht**, ihr Verschwinden am Morgen → **Franz will Anezka vergessen** → Scheitern des Vorhabens
- im **Nachtlokal** *Zur Grotte*, wohin Franz Anezka unbemerkt folgt: **Anezkas Tanzauftritt** als halbnackte Indianerin N'Tschina → vor dem Nachtlokal: **Konfrontation** zwischen Franz und Anezka, die mit dem Kollegen Heinzi das Lokal verlässt → eifersüchtiger Franz von Heinzi mit Messer bedroht → **Anezkas Klarstellung, dass sie niemandem gehöre**
- Franz' Plan, Zugticket für Heimreise zu kaufen → fühlt **Verantwortung für Trafik** und bleibt

Franz als neuer Trafikant

- März: **erneutes Gespräch** mit Freud: Franz' Unsicherheit, ob er Anezka noch liebt und ob seine kleinen Probleme überhaupt Bedeutung haben → Relativierung dieser Ansicht durch Freud, aber er könne Franz nicht helfen, jeder Mann müsse die richtige Frau selbst finden
- **„Anschluss"** Österreichs an das nationalsozialistische Deutsche Reich
- **Verwüstung der Trafik**, Schriftzug „Hier kauft der Jud!" über Ladentür → **gewaltsame Verhaftung von Trsnjek** durch Gestapo-Beamte (angeblich wegen Verbreitung pornografischer Hefte) → Franz will Schuld auf sich nehmen, wird aber von Trsnjek abgehalten
- Trafik in Franz' Verantwortung: Fernbleiben der Stammkunden, vermehrt **Nazis als Kunden** → Franz' Verweigern des Hitlergrußes und sein Ärger über Gleichschaltung der Presse
- Franz schreibt fortan täglich seine **Träume auf Zettel** und heftet diese ins Schaufenster der Trafik → Reaktionen der Kunden: zwischen Verständnislosigkeit und Neugier
- Franz' tägliches **Nachfragen im Gestapo-Gebäude** nach Verbleib des unschuldigen Trsnjek → Franz wird schließlich gewaltsam und unter **Androhung von Haft** aus Gebäude geworfen
- Mai: Franz von Sicherheitspolizei brieflich über **Trsnjeks Tod** informiert (u. a. wegen staatsfeindlicher Betätigung angeklagt, angeblich an Herzleiden verstorben) → Trsnjeks persönliche Gegenstände in Paket mitgesendet, Franz vorläufig als **Geschäftsführer der Trafik** anerkannt

Abschiede, Protest und Verhaftung

- Franz konfrontiert Metzger Roßhuber mit Trsnjeks Tod → klagt ihn als Verantwortlichen an und schlägt ihm ins Gesicht
- **Wanderung auf den Kahlenberg:** Gedanken des aufgewühlten Franz über verrückte Welt
- im Nachtlokal *Zur Grotte*: **Franz' Vorschlag an Anezka**, mit ihm aus Wien fortzugehen → hereintretender **SS-Soldat** entpuppt sich **als Anezkas Freund**
- Juni: Franz schleicht sich in (von Gestapo bewachte) Wohnung von Freud ein, der **nach London emigrieren** wird (wegen Judenverfolgung): Zigarrenrauchen zum Abschied → Gespräch über Trsnjek, Anezka, England und über Möglichkeit, **„Zeichen in der Dunkelheit"** zu setzen
- am nächsten Tag: Freuds Abreise vom Wiener Westbahnhof unter Franz' Augen
- **Franz' nächtliche Aktion:** Entfernen einer Hakenkreuzfahne vor Gestapo-Gebäude und **Aufhängen von Trsnjeks einbeiniger Hose als Fahne**, die wie ein Zeigefinger im Wind weht
- am nächsten Morgen (07. 06. 1938): **Franz in Trafik von Gestapo-Beamten verhaftet**
- **sieben Jahre später** (12. 03. 1945): Wien im **Bombenhagel** der Alliierten, **Anezka** vor verlassener Trafik → liest Franz' vergilbten, halb abgerissenen **Traumzettel**, löst ihn von Scheibe und steckt ihn ein

Robert Seethaler: *Der Trafikant*

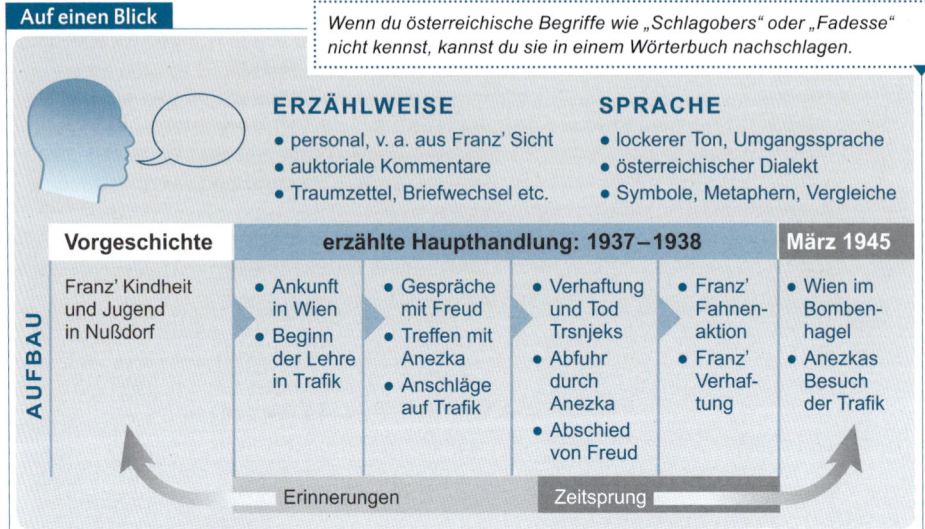

Aufbau und Struktur

- **äußere Struktur:** durchgehende **chronologische Erzählung ohne Einteilung in Kapitel**, einzelne Handlungsabschnitte nur durch Absätze markiert
- **innere Struktur** nach inhaltlichen Kriterien:
  - **Einstieg:** Tod von Alois Preininger als Grund für Franz Huchels Abreise nach Wien 1937
  - **Haupthandlung:** von Franz' Ankunft in Wien als Trafikantenlehrling bis zu Sigmund Freuds Abreise aus Wien
  - **Schluss:** Franz' Fahnenaustausch und seine Verhaftung 1938
  - **Epilog:** Anezkas Besuch der verlassenen Trafik 1945
- **strukturbildende Handlungselemente:** Franz' Briefe an die Mutter, Franz' Gespräche mit Sigmund Freud, Franz' Begegnungen mit Anezka, Anschläge auf die Trafik
- **Hintergrundhandlung**, die zunehmend auf Haupthandlung übergreift: **politische Entwicklung in Österreich**, zunehmender Einfluss der Nationalsozialisten bis zum „Anschluss" Österreichs
- **Schlüsselereignis und Wendepunkt:** Otto Trsnjeks Verhaftung → Franz als neuer Geschäftsführer der Trafik
- Ende des Romans als **offener Schluss** gestaltet → Franz' Schicksal nach Verhaftung ungeklärt
- Zeitstruktur:
  - erzählte Zeit der Haupthandlung: ca. 1 Jahr **(1937–1938)**; v. a. zeitraffendes Erzählen
  - Zeitdeckung in vielen **Dialogen** → anschaulich, szenisch, Einblick in Charaktere
  - **Zeitsprung über 7 Jahre am Romanende:** von 1938 ins Jahr 1945
  - **Vorausdeutungen:** z. B. Frau Huchels schlimme Vorahnung bezüglich Franz (S. 243 f.)
  - **Rückblenden:** über Preiningers Leben und Tod, **Franz' Erinnerungen** an Kindheit und Jugend
- Raumstruktur:
  - Spannungsverhältnis zwischen **Land und Großstadt:** Nußdorf am Attersee ↔ Wien
  - Haupthandlung in Wien zwischen Trafik (Währingerstraße) und Freuds Wohnung (Berggasse)

Aufbau und Form

– weitere Handlungsorte in Wien: Prater, Gestapo-Zentrale im *Hotel Metropol*, Haus in der Rotensterngasse, Nachtlokal *Zur Grotte*, Volksgarten, Kahlenberg, Wiener Westbahnhof

Erzählweise

- **personales Erzählverhalten** in dritter Person **aus Franz Huchels Perspektive**, ABER auch vereinzelt aus **Perspektive anderer Figuren:** Sigmund Freud (S. 69 ff., 115 ff., 230 ff.), Hubert Panstingl alias Roter Egon (S. 143 ff.), Frau Dr. Dr. Heinzl (S. 180), Briefträger Heribert Pfründner (S. 187 ff., 209 ff.), Anna Freud (S. 230 ff.), Frau Huchel (S. 243 ff.) → Einblick in verschiedene Perspektiven der **Wiener Gesellschaft**
- ABER auch **Kommentare eines auktorialen Erzählers**, der mehr weiß als die Figuren: z. B. **Vorausdeutung** am Romanbeginn, dass Franz' Leben durch das Gewitter eine „folgenschwere Wendung" (S. 7) nehmen würde, und **Äußerungen über politische Entwicklungen** in Österreich (z. B. S. 185 f.)
- dominierende **Darbietungsformen:** Erzählerbericht und direkte Rede (als Form der Figurenrede) → Wirkung: **Lebendigkeit der Figuren** und **Dynamik der Handlung**
- erzähltechnische Besonderheiten:
  – **wörtliche Wiedergabe des Briefwechsels** zwischen Franz Huchel und seiner Mutter (kursiv abgedruckt und eingerückt, mit Beschreibung des jeweiligen Kartenmotivs in Klammern)
  – **Franz' Traumzettel** (ebenfalls kursiv abgedruckt und eingerückt)
  – **Schreiben der Sicherheitspolizei** an Franz als offizieller Brief abgedruckt (S. 191 f.)
  – **Bericht einer unbekannten Person** über Franz' Fahnenaustausch (S. 237 ff.): uneingeleitet und unkommentiert als ungekürzte wörtliche Rede wiedergegeben

Sprache und Stil

- vergleichsweise einfacher Satzbau und zugängliche Wortwahl → Lesefluss, Verständlichkeit
- **lustig-lockerer, umgangssprachlicher Ton** → gewisse Leichtigkeit des Geschehens
- metaphorische Ausdrucksweise und Vergleiche (z. B.: „Franz' Kopf begann zu leuchten wie die Lampions in der Kastanie über ihm", S. 56) → **Bildhaftigkeit, Anschaulichkeit**
- Begriffe aus **österreichischem Dialekt** (z. B. „Goschen", „Seidel", „Depperter") und vom böhmischen Akzent geprägte **Ausdrucksweise Anezkas** (z. B.: „mecht ich, bittascheen", S. 52) → Elemente der Mündlichkeit: Authentizität und Vielfalt der Wiener Sprachwelt
- **Symbole:** z. B. **Pestvogel** als Vorbote für Katastrophe (S. 137), **Flagge aus Trsnjeks einbeiniger Hose** als Warnung vor Krieg (S. 242), **geköpfte Geranien** zu Beginn und am Ende als Hinweise auf einschneidende Änderungen in Franz' Leben (S. 7, 246)
- Sinnsprüche/**Aphorismen von Freud**, z. B.: „Wer viel redet, hat meist wenig zu sagen" (S. 74), „Die Wahrheit ist selten gemütlich" (S. 43) → Selbstentlarvung des Intellektuellen Freud durch **Plattitüden**, aber auch **Reduktion komplexer Wahrheiten** in verständliche Aussagen
- **poetische Sprache:** z. B. in Franz' Traumzetteln und in Beschreibungen des Erzählers

Literarische Form

- **Adoleszenzroman:** Franz' Entwicklung vom Kind zum Erwachsenen; seine Erfahrungen und Erlebnisse → **Individuum im Mittelpunkt** des Geschehens
- **Elemente des historischen Romans:** Wien 1937/38 als Schauplatz des Romans, Franz' Handeln nur vor dem Hintergrund der gravierenden politischen Veränderungen verständlich
  → **Verschränkung des individuellen Schicksals mit politischem Weltgeschehen**

Robert Seethaler: *Der Trafikant*

Auf einen Blick

Historisch
- zunehmender Einfluss des Nationalsozialismus in Österreich, u. a. zunehmende Ausgrenzung von Juden
- März 1938: „Anschluss" Österreichs

1918
1928
1938
1948
1958

Medienkritisch
- Ideal: Meinungsvielfalt und Wahrheitssuche in Zeitungen
- Kritik an Streben nach Aufmerksamkeit und an „Gleichschaltung" der Presse

„Der Trafikant" war 2016 für den „Bad Sex in Fiction Award" der Zeitschrift „Literary Review" nominiert. Der Preis wird vergeben für die schlechteste Beschreibung einer Sex-Szene.

Entwicklungspsychologisch
- Franz' Adoleszenz: vom Kind zum Erwachsenen
- Krisen und Initiationserlebnisse
- Herausbilden der eigenen Persönlichkeit

Psychoanalytisch
- Bedeutung des Unbewussten/der Triebe
- Gespräche zur Konfliktbewältigung
- Auseinandersetzung mit Träumen als quasi-therapeutische Maßnahme
- Freud als Franz' Ratgeber

keine Allgemeingültigkeit nur eines Deutungsansatzes, sondern immer Zusammenspiel mehrerer Lesarten

Historische Lesart

- Handlungszeitraum des Romans: 1937–1938 → **„Anschluss"** Österreichs an NS-Deutschland
- NSDAP in Österreich zunächst verboten → wachsender Einfluss der Nazis → Kanzler Schuschnigg veranlasst **Volksabstimmung über österr. Unabhängigkeit** für 13. 03. 1938
- auf Druck Hitlers: Absage der Abstimmung, Rücktritt Schuschniggs → **Einmarsch deutscher Truppen in Österreich** am 12. 03. → Zustimmung in breiten Teilen der österr. Bevölkerung → vereinzelt Widerstand: **Transparent des Roten Egon** (u. a. „Es lebe die Freiheit!")
- fortschreitende, systematische **Ausgrenzung von Juden:** ausbleibende jüdische Kundschaft in der Trafik, Emigration von Sigmund Freud
- Diffamierungen und **Denunziationen innerhalb der Wiener Bevölkerung:** Mordanschlag auf Roten Egon, der dann Suizid begeht; Anschläge auf Trafik des freiheitlich gesinnten Trsnjek, Verleumdung Trsnjeks durch Metzger Roßhuber bei der Gestapo → Verhaftung und Ermordung
- **Gestapo-Leitstelle im Hotel Metropol** am Morzinplatz → Inhaftierung, Misshandlung und Ermordung von NS-Gegnern (vgl. Trsnjek, Franz), Ort des Protestes von Franz
- 12. 03. 1945 (Tag von Anezkas Spaziergang): **massive Luftangriffe** der Alliierten auf Wien

Entwicklungspsychologische Lesart

- **Franz' Adoleszenz:** Entwicklung vom behüteten Kind aus idyllischer Provinz zum selbstständigen Erwachsenen in hektischer Großstadt → vom „Burschi Franzl" zum Trafikanten Franz
- kein innerer, sondern **äußerer Anstoß für Franz' Entwicklung:** Tod des Versorgers Preininger (Franz ohne Vater aufgewachsen) → Franz von der Mutter zum Arbeiten nach Wien geschickt
- Franz' **Entwicklungsfelder und Initiationserlebnisse:**
  - **Loslösen von Herkunftsfamilie:** Abschied von Mutter → vertraut ihr in Briefen seine Gedanken an, ABER: verschweigt ihr Umstände von Trsnjeks Tod, damit sie sich keine Sorgen macht
  - **Arbeit:** Erlernen des Trafikantenberufs → Kontakt zu Wiener Gesellschaft; Fortführen der Trafik nach Trsnjeks Verhaftung → **Berufsethos** (Pressefreiheit!) und **Verantwortungsgefühl**
  - **Aufbau von Freundschaften und Kontakten:** Franz hat keine gleichaltrigen Freunde in Wien, sondern mit Trsnjek und Freud eher **Mentoren** → Annehmen von Ratschlägen, allmähliche Emanzipation von Vaterfiguren, Treffen eigener Entscheidungen → **Reife**

Deutungsansätze

- **Erleben von Liebe und sexuellen Erfahrungen:** Franz in Anezka verliebt, gemeinsame Nächte → aber einseitige und **unerfüllte Liebe**, da Anezka anderen Mann bevorzugt
- **Krisenerfahrungen** für Franz: Tod Trsnjeks, Abfuhr durch Anezka, Emigration Freuds → Erleben von Enttäuschungen, Einblick in Komplexität des Lebens, **Franz' Politisierung** → **politische Entwicklung** als Faktor für **Entwicklung der Persönlichkeit**
- **Herausbilden eines Wertemaßstabs:** Nachfragen nach Trsnjeks Verbleib in Gestapo-Zentrale, Verweigern des Hitlergrußes, Vorwürfe an Metzger Roßhuber, Protest durch Aufhängen der Trsnjek-Hose → **Identitätsfindung, Einstehen für eigene Überzeugungen**
- **tragisches Ende für Franz:** Verhaftung durch Gestapo, keine Hinweise auf Verbleib → denkbar: Ermordung in Gefangenschaft, Scheitern des Entwicklungsprozesses? → offenes Ende!

Psychoanalytische Lesart

- Sigmund Freud (1856–1939) als **Begründer der Psychoanalyse:**
  - Relativierung des Einflusses der Vernunft und damit der Macht des Menschen, **Bedeutung des Unbewussten** → das Ich sei „nicht Herr [...] in seinem eigenen Haus" (Zitat Freud)
  - **Träume als Zugang** zum Unbewussten im Menschen: Analyse und Deutung möglich
  - **Triebe für Handeln der Menschen ausschlaggebend**, v. a. Sexualtrieb (Libido)
  - Gespräch zwischen Patient und Therapeut, um Konflikte aus Kindheit und verdrängte Wünsche sichtbar zu machen und so psychische Krankheiten zu heilen (vgl. Mrs. Buccleton, S. 115 ff.)
- Freud als **literarische Figur** in *Der Trafikant*:
  - Bedeutung für Franz: **Ratgeber** (1. Gespräch: Franz solle sich Mädchen suchen, 2. Gespräch: Mädchen vergessen oder zurückholen, Träume notieren) und **Impulsgeber** (4. Gespräch: Möglichkeit, „Zeichen in der Dunkelheit" zu setzen)
  - Franz **von Freuds Intellekt fasziniert**, obwohl er dessen Bücher nie gelesen hat, und **stolz** auf Freundschaft mit berühmtem Freud, ABER auch **Mitleid** mit alterndem Freud
  - Freud angesteckt von der **Lebendigkeit des schlichten jungen Mannes** vom Land
  - Darstellung Freuds zwischen **Hommage** (z. B. freundlicher Umgang mit Franz), **Entzauberung** (z. B. Freuds häufige Ratlosigkeit) und **Karikatur** (z. B. Abhängigkeit von Tochter Anna)
- **Franz notiert seine Träume**, um Gefühlschaos zu lindern → Auswirkungen dieser Maßnahme:
  - anfängliche Wirkungslosigkeit aufgrund des übermächtigen Verlangens nach Anezka
  - nach Abfuhr durch Anezka: Erleichterung und besserer Schlaf durch Aufschreiben der Träume
  - nach Trsnjeks Verhaftung: **tägliche Veröffentlichung der Traumzettel** an der Ladenscheibe → Franz stillt sein **Mitteilungsbedürfnis** und will bei Kundinnen/Kunden bzw. Leserinnen/Lesern **Emotionen wecken**

Medienkritische Lesart

- Trafikant Otto Trsnjek als unabhängiger Geist, NS-Kritiker und Verfechter der **Meinungsvielfalt**
- Aufgabe für Lehrling Franz: **Lektüre von Zeitungen zur Erweiterung des Horizonts** → durch unterschiedliche Ansichten „kleine Ahnung von den Möglichkeiten der Welt" (S. 29)
- anfangs Profit für Trafik aufgrund der politischen Entwicklungen: „Die Leute sind ganz narrisch nach diesem Hitler und nach schlechten Nachrichten" (S. 35) → blühendes Zeitungsgeschäft
- Trsnjeks **Kritik an NS-Berichterstattung** über Roten Egon (S. 145 ff.)
- Franz' Medienschelte: **keine Wahrheitssuche, nur Aufmerksamkeitshascherei** (S. 149 f.); Ärger über gleichgeschaltete Presse (S. 166 f.) → „gedrucktes Geschrei" (S. 199)

Arno Geiger: *Unter der Drachenwand*

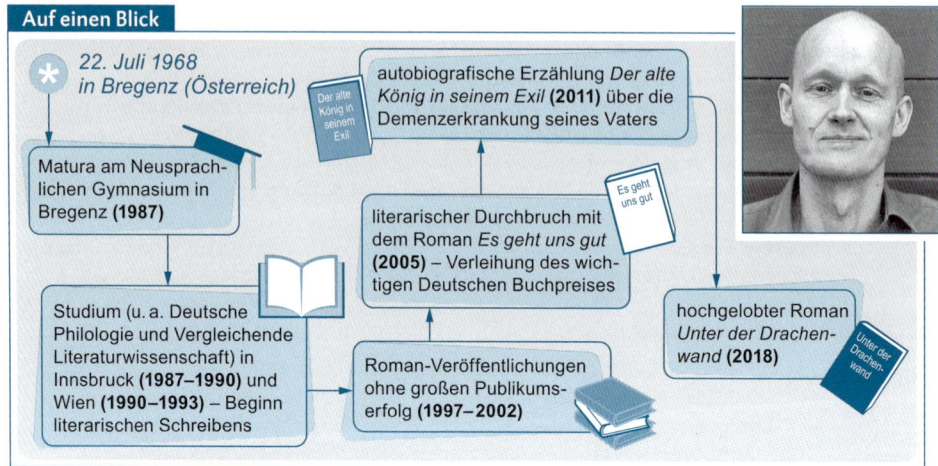

Auf einen Blick

- * 22. Juli 1968 in Bregenz (Österreich)
- Matura am Neusprachlichen Gymnasium in Bregenz **(1987)**
- Studium (u. a. Deutsche Philologie und Vergleichende Literaturwissenschaft) in Innsbruck **(1987–1990)** und Wien **(1990–1993)** – Beginn literarischen Schreibens
- autobiografische Erzählung *Der alte König in seinem Exil* **(2011)** über die Demenzerkrankung seines Vaters
- literarischer Durchbruch mit dem Roman *Es geht uns gut* **(2005)** – Verleihung des wichtigen Deutschen Buchpreises
- Roman-Veröffentlichungen ohne großen Publikumserfolg **(1997–2002)**
- hochgelobter Roman *Unter der Drachenwand* **(2018)**

Kindheit und Jugend (1968–1987)

- Geburt am 22. Juli 1968 in Bregenz am Bodensee (Österreich)
- **Vater** August Geiger: Gemeindesekretär; **Mutter:** fünfzehn Jahre jüngere Grundschullehrerin (nach Geigers Aussage eine Frau mit modernen Ansichten) → teilweise schwierige Beziehung der Eltern, aber Gleichberechtigung im Verhältnis der Eltern
- Kindheit und Jugend in der Marktgemeinde Wolfurt (in der Nähe von Bregenz) mit einer Schwester und zwei Brüdern
- in der Kindheit gute Beziehung zum Vater, in der Pubertät dann zunehmend Schwierigkeiten
- u. a. durch die Erfahrungen des Vaters im Krieg: Bedürfnis nach Geborgenheit und Sicherheitsdenken → Weitergabe dieser Haltung an die Kinder
- Ablegen der **Matura** im Jahr 1987 am Neusprachlichen Gymnasium in Bregenz

Studium und Beginn der freien Autorentätigkeit (1987–2005)

- 1986–2002: im Sommer Tätigkeit als **Bühnenarbeiter/Tontechniker** bei den berühmten **Bregenzer Festspielen**
  – „unbeschwerteste Zeit" (Zitat Geiger) in Geigers Leben
  – Kennenlernen **verschiedener Lebensentwürfe** → Bestärkung im Bestreben, Künstler zu werden
- ab 1987: **Studium** in Innsbruck: Belegung der Fächer *Deutsche Philologie, Alte Geschichte* und *Vergleichende Literaturwissenschaft* – im Jahr 1990 Wechsel nach **Wien** (bis heute sein Lebensmittelpunkt) → in den ersten Studienjahren **Beginn des intensiveren Schreibens** (auch als Form der Selbstfindung)
- 1993: Abschluss des Studiums mit einer Diplomarbeit zum Thema *Die Bewältigung der Fremde in den deutschsprachigen Fernreisetexten des Spätmittelalters*
- 1993/94: Teilnahme an einer ORF-internen Drehbuchwerkstatt – Beginn seiner freien Autorentätigkeit
- Nachwuchsstipendium des österr. *Bundesministeriums für Wissenschaft, Forschung und Kunst*
- Trennung der Eltern nach der Pensionierung seines Vaters

Biografie

- Veröffentlichung erster Erzählungen
- 1996: Teilnahme am renommierten **Ingeborg-Bachmann-Wettbewerb** → Kontakt zum *Carl Hanser Verlag*, bei dem er von da an veröffentlicht
- Veröffentlichung des **ersten Romans** *Kleine Schule des Karussellfahrens* (1997), der wie die nächsten Romane beim Lesepublikum **wenig erfolgreich** ist → trotz mangelnden Erfolgs in dieser Zeit weiteres Leben als Schriftsteller wegen **Leidenschaft für das Schreiben** und wegen des Potenzials, **sich durch das Schreiben zu entwickeln**
- Verleihung des *Abraham Woursell Awards* (1998)
- Veröffentlichung des Romans *Irrlichterloh* (1999)
- 1999: Vorarlberger Literaturstipendium
- **Demenzerkrankung des Vaters** → über Jahre hinweg immer wieder wochenlange Betreuung des Vaters in Geigers Elternhaus (im Wechsel mit den Geschwistern) → Annäherung zwischen Geiger und seinem Vater sowie Zusammenrücken der Familie
- Veröffentlichung des Romans *Schöne Freunde* (2002)
- 2004: erneute Teilnahme am Ingeborg-Bachmann-Wettbewerb (mit Erzähltext *Wie verwandelt*)

Zeit des schriftstellerischen Erfolgs (2005 – heute)

- in einer wegen des ausbleibenden Erfolgs schwierigen Situation: **literarischer Durchbruch** mit dem Roman *Es geht uns gut* (2005) → Gewinner des **Deutschen Buchpreises** (2005 zum ersten Mal verliehen) → in der Begründung der Jury wurden insbesondere die „hohe[] Anschaulichkeit" und die „klug komponierten Schnitte[]" des Romans gelobt
- um 2009: Umzug des 83-jährigen Vaters in ein örtliches Altersheim → Ende der intensiven häuslichen Betreuung des Vaters
- Veröffentlichung des Romans *Alles über Sally* (2010), der wenig später vom SWR für ein Hörspiel adaptiert wird
- Veröffentlichung der autobiografischen Erzählung *Der alte König in seinem Exil* (2011), in der Geiger die Demenzerkrankung seines Vaters und seinen Umgang damit darstellt
- Hörspiel *Das Haus meines Vaters hat viele Zimmer* (2013)
- Veröffentlichung des Romans *Selbstporträt mit Flusspferd* (2015)
- immer wieder Besuche in der Bregenzer Region, mit der Geiger emotional sehr verbunden ist und aus der auch seine Ehefrau stammt
- Veröffentlichung des Romans *Unter der Drachenwand* (2018), für den er **mehrere Jahre lang recherchierte** (Lektüre vieler Briefe und Tagebücher) und den er dann innerhalb von **vier bis fünf Monaten** niederschrieb
- 2019: *Europäischer Literaturpreis* (Niederlande) für *Unter der Drachenwand*

Werkauswahl

- Roman *Es geht uns gut* (2005): Familien- und Gesellschaftsroman, der in episodischen Schilderungen ein **Bild von drei Generationen** einer Familie entwirft und so auch einen Teil österreichischer Zeitgeschichte skizziert
- Roman *Alles über Sally* (2010): Beziehungsroman, der schwerpunktmäßig aus der **Perspektive** einer etwa **50-jährigen Frau** erzählt wird
- autobiografisches Werk *Der alte König in seinem Exil* (2011): Darstellung der Beziehung zum **demenzkranken Vater**, in der das Unverständnis für das Verhalten des Vaters zunehmend der Akzeptanz für die Krankheit weicht → Annäherung von Vater und Sohn

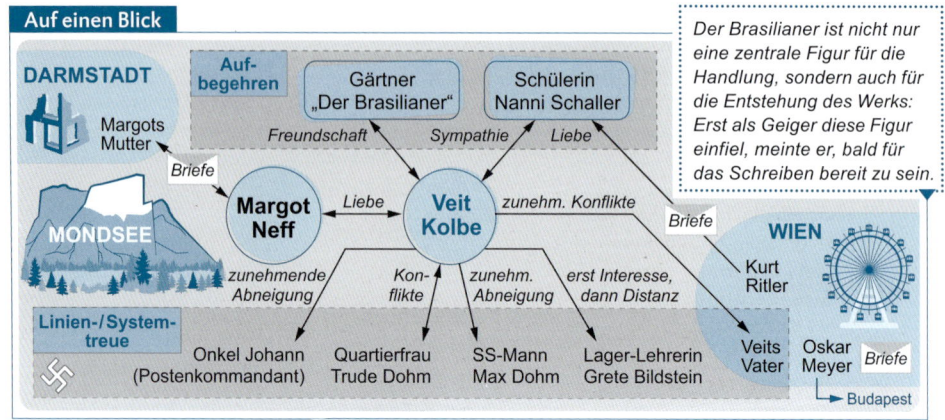

Kapitel 1 bis 6: Hauptgeschehen Teil 1

- **Verwundung** des Soldaten **Veit Kolbe** im II. Weltkrieg in der Ostukraine (Nov. 1943) → langsame Besserung des Gesundheitszustandes in Saarländer Lazarett → Fahrt zu Eltern nach Wien
- Unzufriedenheit Veits bei seinen Eltern → Entscheidung für **Genesungsurlaub in Mondsee**
- in Mondsee: schlecht ausgestattete Unterkunft und schroffe Quartierfrau
- Besuch des Onkels, der die Unterkunft vermittelt hat, an dessen Arbeitsplatz (Gendarmerie)
- erste Begegnung mit Mieterin des Nebenzimmers, einer **Darmstädterin (→ Margot) mit Baby**, die Veit in den folgenden Monaten **immer besser kennenlernt**
- Begegnung mit den ankommenden Mädchen des Mädchenlagers *Schwarzindien* (→ St. Lorenz)
- Kennenlernen der distanziert bleibenden Lagerlehrerin (= Grete Bildstein)
- Gespräch mit den Lagermädchen als willkommene Abwechslung für diese und für ihn
- **Panikattacke und schlechte Träume** → **nächtlicher Besuch beim „Brasilianer"**, der nachts seine Gärtnerei beheizt → ab jetzt häufigere Besuche Veits beim Brasilianer
- Gretes Mitteilung, dass die **Schülerin Nanni** wohl etwas mit ihrem **Cousin Kurt** hat

Kapitel 7 bis 9: Briefe anderer Figuren

- Briefe an Margot von ihrer Mutter: Bombenangriffe in Darmstadt und dürftiges Alltagsleben im Krieg
- Briefe von Kurt an Nanni: Familienalltag, Sehnsucht nach Nanni, Vorhaben, sie an Ostern zu besuchen – Versuch der Eltern, den Kontakt zwischen ihnen zu unterbinden
- Briefe des Wiener Juden Oskar Meyer: erzwungener Auszug der Familie aus Wohnung (1939), Erschwerung des Lebens durch die Nazis, scheiternde Ausreisepläne – Flucht nach Ungarn

Kapitel 10 bis 16: Hauptgeschehen Teil 2

- zunehmende **Vertrautheit Veits mit dem Brasilianer**, der die Nazis verachtet
- Panikattacke Veits → Nannis Hilfe → Veits Weigerung, ihr mit Brief an die Mutter zu helfen
- Verschreibung von Pervitin als Beruhigungsmittel, das Veit ab jetzt bei Anfällen nimmt
- **Verschwinden Nannis** → Veits Onkel vernimmt einige Tage später ihre besorgte Mutter
- zweitägiger Besuch der (wegen Nanni besorgten) Eltern der Mädchen in Mondsee/St. Lorenz
- brutale **Verhaftung des Brasilianers** durch die Geheimpolizei nach dessen **NS-kritischen Bemerkungen** → ab jetzt **Bewirtschaftung der Gärtnerei durch Veit und Margot**

Inhalt

- Beginn einer **Liebesbeziehung zwischen Margot und Veit** → erste sexuelle Erfahrungen
- Nachricht von Rechtsanwalt: halbjährige Haftstrafe für den Brasilianer
- Erschießung der Hündin des Brasilianers durch SS-Mann Dohm (Ehemann der Quartierfrau)
- Veits zunehmende Angstzustände, da Prüfung der Verwendungsfähigkeit näher rückt
- in Wien: **ärztliche Feststellung seiner Feldtauglichkeit** → Veits Einspruch → Termin beim Facharzt: **erneute Krankschreibung** (wohl aus Sympathie) → große Freude

Kapitel 17 bis 19: Briefe anderer Figuren

- *Briefe von Kurt an Nanni:* schwieriges Verhältnis zu Eltern, militärische Ausbildung, immer wieder Gedanken an Nanni, zerstörerischer Angriff, „Kriegsalltag"
- *Briefe von Oskar Meyer an Jeannette:* Leben in Budapest unter falscher Identität → erst große Erleichterung, dann kräftezehrendes Leben → Verschwinden von Frau und Kind → extreme psych. Belastung
- *Briefe an Margot von ihrer Mutter:* erhebliche Zerstörung Darmstadts durch Bombenangriffe, Tod vieler Verwandter/Bekannter, Hoffnung, ihrer Tochter gehe es gut

Kapitel 20 bis 26: Hauptgeschehen Teil 3

- Radio-Nachricht: Großangriff auf Darmstadt mit 20 000 Toten: Schock für Margot
- **Rückkehr des psychisch versehrten Brasilianers** aus der Haft → Sehnsucht nach Urwald
- Veit im **Krankenrevier Vöcklabruck** (nach Versäumen eines Termins vor einigen Wochen) → **Fälschung von Unterlagen** (mithilfe gestohlener Stempelungen): „Felduntauglichkeit"
- **Auffinden der Leiche Nannis**, die an der Drachenwand in die Tiefe gestürzt ist → Begräbnis
- **Flucht des Brasilianers** wegen möglicher Konsequenzen einer Auseinandersetzung mit Dohm
- Übergabe eines Pakets mit Nannis Sachen an Grete, bald **Auflösung des Mädchenlagers**
- im Gasthaus *Schwarzindien:* **Veits Schuss auf den Onkel**, als dieser dort den **Brasilianer festnehmen will** → **Tod des Onkels** und **erneute Flucht des Brasilianers**

Kapitel 27 bis 29: Briefe anderer Figuren

- *Briefe an Margot von ihrer Mutter:* Einsamkeit, Vaters traurige Briefe, Tod weiterer Bekannter, Besuche der Schwester Margots und des Vaters, Hoffnung, Margot käme mit Enkel zu ihr
- *Briefe von Kurt an Ferdl:* harter Alltag in Kaserne, Erinnerungen an Nanni, Trauer wegen Nachricht von Nannis Tod, Rückgabe von Kurts Briefen an Nanni durch Veit, Nähe zur Front
- *Briefe/Notizen von Oskar Meyer:* Deutsche auf Rückzug in Budapest, Gewalt gegen Juden, extrem schwierige Lebensbedingungen, Vermissen der Familie, Marsch zu Arbeitseinsatz im Westen

Kapitel 30 bis 34: Hauptgeschehen Teil 4

- Verdacht der Behörden, dass der Brasilianer den Onkel erschossen habe
- Abschied von Margot und **Fahrt nach Wien**, weil Veit dorthin beordert worden ist
- Veits Besuch des Grabes seiner Schwester Hilde und **heftiger Streit mit dem Vater**
- trotz Bestechung des Arztes **amtliche Bestätigung seiner Feldtauglichkeit**
- Veit übergibt in Hainburg Kurt dessen Briefe an Nanni, die er in Mondsee erhalten hatte
- Veits Beobachtung von Zwangsarbeitern (u. a. Oskar), die Verteidigungsstellen errichten
- kurzer Besuch bei Margot: **ihr Umzug in neues Zimmer** nach Streit mit Quartierfrau
- **Abschied von Margot** und Abfahrt aus Mondsee, um dann den Zug an die Front zu nehmen

Kapitel 35: Nachbemerkungen

- weiteres Leben der Figuren: Veits und Margots glückliche Ehe, Auswanderung des Brasilianers etc.

Arno Geiger: *Unter der Drachenwand*

Aufbau und Struktur

- äußere Struktur: **35 Kapitel**, deren Überschriften aus den ersten Worten des Kapitels bestehen
- **Strukturierung** des Romans über die jeweiligen **Erzähler:** 5 bis 7 Kapitel mit Veit als Erzähler wechseln unvermittelt mit 3 Kapiteln, die jeweils andere Erzähler haben (Margots Mutter, Oskar Meyer, Kurt Ritler) – Kapitel *Nachbemerkungen* durch erneuten Erzählerwechsel abgesetzt
- Zeitstruktur:
  - **weitgehend chronologisches Erzählen** innerhalb der Kapitel mit gleicher Erzählperspektive, aber zeitliche Sprünge zwischen den Kapiteln mit unterschiedlicher Erzählperspektive
  - **Rückblenden:** Erinnerungen Veits an frühere Zeiten (Kriegserlebnisse, Schwester Hilde)
  - **erzählte Zeit:** Hauptgeschehen um Veit Kolbe (sowie die Briefe von Margots Mutter und Kurt Ritler) von **Ende November 1943 bis Dezember 1944**; Briefe/Aufzeichnungen Oskar Meyers: 1939 bis 1944; Nachbemerkungen: **1945 bis in die Gegenwart**
- innere Struktur:
  - **Parallelführung verschiedener Handlungsstränge:** Veits Entwicklung, seine Beziehung zu Margot, oppositionelles Verhalten des Brasilianers, Nannis Liebe zu Kurt und ihre Folgen etc.
  - **symmetrische Struktur** der Haupthandlung: Kap. 1–6 (nach Kriegsverletzung Beginn des Genesungsurlaubs) mit Entsprechung zu Kap. 30–34 (Ende des Genesungsurlaubs und Aufbruch zurück in den Krieg); Kap. 10–16 (Verschwinden Nannis, Festnahme des Brasilianers) mit Entsprechung zu Kap. 20–26 (Auffinden Nannis, Rückkehr des Brasilianers)
  - Höhepunkte: Festnahme des Brasilianers, Veits tödlicher Schuss auf seinen Onkel
- Raumstruktur: verschiedene Orte → verschiedene Lebensbedingungen in Kriegszeiten
- **Schrägstrich** („/") als Unterteilungszeichen innerhalb von Absätzen → zusätzliche **Rhythmisierung** – zudem nach Geiger ein Element, das die **konventionelle Romanform** in einem Detail bricht, um zu signalisieren, dass das Werk für ihn mehr als einfach nur ein Roman ist
- unvermittelte Einbettung der Briefe, keine Abgrenzungen einzelner Briefe innerhalb der Kapitel
- kursive Passagen: Notizen in Notizbuch → Charakterisierung des Ich-Erzählers als Schreibender

Aufbau und Form

Erzählweise

- **verschiedene Ich-Erzähler** mit Veit Kolbe als dominierendem Erzähler
  - **Nähe des erzählenden zum erlebenden Ich** → weitgehend Erzählen **aus dem historischen Erfahrungshorizont heraus** (also kein Wissen über den geschichtlichen Fortgang)
  - „direktes" Erzählen bei Veit (kein Adressat) vs. „indirektes" Erzählen in den Briefen (Adressaten)
  - Perspektivwechsel → **auffächernde Schilderung des Alltags in Kriegszeiten**
- dezente selbstreflexive Thematisierung des eigenen Erzählens („Und ich weiß, es sind schon ereignisreichere Geschichten von der Liebe erzählt worden […]. Nimm es oder lass es.", S. 205)
- Vorherrschen des **Erzählerberichts:**
  - meist Schilderung äußeren Geschehens/Tuns → Erzeugung eines **genauen Bildes des Alltags**
  - z. T. **kommentarartige Einlassungen** (z. B.: „Der Zug fuhr sofort wieder ab, ich glaube, das war mein Glück […]", S. 20) – bis hin zu **reflektierenden Abstraktionen** (z. B.: „Das alles vermischte sich zu etwas, das für mich eine Essenz von Krieg ist.", S. 10)
  - Figurenrede: wörtliche Rede i. d. R. eingebettet in den Erzählerbericht und zudem oft kombiniert mit indirekter Rede oder berichteter/erzählter Rede → Abwechslungsreichtum
- immer wieder auch Darstellung des eigenen **Innenlebens** → Nähe zu den Figuren:
  - Widerspiegelung **innerer Vorgänge** durch anschauliche Darstellung, z. B. von Veits Anfällen
  - direkte Benennung von Gefühlen (z. B.: „[…] weckten ein Gefühl der Zufriedenheit", S. 190)
  - **Einblicke in Gedankengänge** (z. B.: „oft dachte ich, er sei jetzt verstummt", S. 77)
- **Nachbemerkungen:**
  - zwar auch ein erzählendes Ich, aber Vorherrschen der **Außenperspektive** auf die Figuren
  - **Suggestion von Authentizität**: gerade auch durch die Wissenslücken wirkt es so, als seien die Lebensläufe der Figuren **recherchiert** worden → Suggestion von Herausgeberschaft
- atmosphärische Beschreibungen der Landschaft, des Wetters etc. → Stimmungsvermittlung
- Briefe: **Beziehungsorientierung** in den Briefen von Margots Mutter und Kurt durch direkte Adressatenansprache vs. **Übermacht der schrecklichen Erfahrungen** in Oskars Briefen

Sprache und Stil

- **vielfältige Sprache**, **reiche Wortwahl** (viele veranschaulichende Attribute), variable Syntax
- teilweise **notizhafter Stil**, u. a. gestützt durch **Ellipsen**, Tendenz zu **parataktischen Reihungen** (z. B. S. 7), nachgestellte Elemente (z. B.: „döste bis fünf in der Früh, draußen kalt und trübe", S. 21), umgangssprachliche Elemente (z. B.: „So ging's bis […]", S. 7)
- **präziser, differenzierter Stil** und **Detailreichtum** – u. a. durch **nachgestellte Attribute** (z. B.: „ich sah aus wie ein Unterseebootmann, der von einer Fernfahrt kommt, furchtbar", S. 12) und durch Relativsätze
- **bildhafte Sprache** (z. B.: „als würde ich […] verschluckt", Herz als „leistungsfähige Pumpe", S. 7; Nacht „fällt aus dem All", S. 362) → intensivierende Veranschaulichung, plastische Darstellung
- **Personifizierungen**, z. B. des Krieges (S. 7) → Krieg als eigenständige Macht
- teilweise **symbolische Elemente** (z. B. „Drachenwand" → Bedrohung des Menschen)
- Benennung der politisch Verantwortlichen: Abkürzungen (z. B. „F." für „Führer") und unübliche Bezeichnungen (z. B. J. Goebbels nicht als „Propagandaminister", sondern als „Minister für Öffentlichkeitsarbeit") → Geiger wollte diese Namen/Benennungen nicht in seinem Roman haben

Literarische Form

- Elemente des **Geschichtsromans**, des **Gesellschaftsromans** und des **Liebesromans**

Arno Geiger: *Unter der Drachenwand*

Auf einen Blick

Historisch — 1942 / 1943 / 1944 / 1945 / 1946
- Zugang zum emotionalen Raum „Krieg"
- differenziertes Bild der Zeit mit Fokus auf Alltag
- Darstellung der Judenverfolgung an O. Meyers Schicksal
- Vereinnahmung des Denkens durch die Nationalsozialisten

Psychologisch
- Entwicklung Veits: Ideologietreue – Zweifel – persönlich motivierte Auflehnung
- Veits posttraumatische Belastungsstörung
- menschliche Beziehungen und Arbeit als stabilisierende Faktoren
- persönliche Schuldverstrickung
- Brasilianer und Nanni: oppositionelle Haltung

Den Anstoß für den Roman hat dem Autor eine Reihe von Briefen gegeben, die er auf einem Wiener Flohmarkt erworben hatte. Es handelte sich um die Korrespondenz des Lagers „Schwarzindien".

Biografisch
- Vater als junger Mann im Krieg

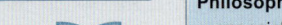

Philosophisch
- angesichts gesteigerten Bewusstseins für eigene Sterblichkeit: Bedürfnis nach Leben
- Kulturkritik des Brasilianers
- Mensch mit Potenzial zum Guten und Schlechten

keine Allgemeingültigkeit nur eines Deutungsansatzes, sondern immer Zusammenspiel mehrerer Lesarten

Biografische Lesart

- Tod von Geigers Großvater im II. Weltkrieg und Kriegserfahrungen seines Vaters, der mit 17/18 Jahren zur Ostfront kam: **Präsenz des Krieges** in Geigers Leben (z. B. keine Urlaube, weil Vater nicht von zu Hause wegwollte) – Bedürfnis nach Sicherheit vom Vater „geerbt" (Zitat Geiger)
- Autor „beim Schreiben" als „Stellvertreter" (Zitat Geiger) seiner Figuren → emotionale Nähe → dadurch auch starke Auswirkungen des Erzählten auf den Autor → Schreiben als Erfahrung

Historische Lesart

- **Verhältnis von Wirklichkeit und Fiktion:**
  - Roman als „erfundenes Haus mit echten Türen und Fenstern" (Zitat Geiger) → **erfundene Figuren**, aber **viele Details** aus **historischer Realität** (z. B. auch Daten der Bombardements)
  - Geigers intensive Recherchen von Zeitdokumenten (v. a. von Briefen) → kein Erzählen aus Retrospektive, sondern Erzählen aus Kriegszeit heraus, um sie **emotional zugänglich** zu machen
- differenziertes Bild der **Zeit:** Vielfalt der **Perspektiven** und **breites Panorama** von mehrschichtigen Figuren (vom SS-Mann Dohm über Veit bis hin zum oppositionellen Brasilianer)
- Fokus auf die Auswirkungen des Krieges und der NS-Zeit im Alltag der **Normalbürger*innen**
- **Judenverfolgung** v. a. am Schicksal Oskar Meyers und seiner Familie → Ausgrenzung, Entwurzelung, Ermordung
- **Indoktrination** und **Eingriffe ins Private / ins Denken** durch nationalsozialistisches Regime: Erziehung (z. B. Kinderlandverschickung), brutale Unterdrückung kritischer Meinungen (z. B. beim Brasilianer), „gleichgeschaltete" Medien (z. B. Aufruf zu Kampf an Heimatfront → Propaganda), „Zerstörung des Privaten" (Zitat Geiger) durch totalitäre Systeme und Krieg
- Versuch, die **Menschen jenseits klarer Täter-Opfer-Strukturen** zu betrachten, aber ohne Täter-Opfer-Verhältnis zu relativieren – Behandlung der **Schuldfrage** v. a. aus **persönlicher Perspektive Veits**, der sich zunehmend schuldig fühlt, am Krieg beteiligt gewesen zu sein
- Veränderung des Menschen durch den Krieg: Verrohung und Verschiebung dessen, was „Normalität" (S. 454) ist

Deutungsansätze

Philosophische Lesart

- **Sterblichkeit** als Grundbedingung menschlichen Lebens, der man sich in Kriegszeiten besonders bewusst ist – Veits Bedürfnis nach **nicht fremdbestimmtem Leben:** Versuch, die geringen Gestaltungsmöglichkeiten, die er unter den extremen Bedingungen dieser Zeit hat, auch zu nutzen
- **Kulturkritik** des Brasilianers: Bevorzugung **naturnaher Ursprünglichkeit** in fernen Ländern gegenüber „grausigem Europäertum" (S. 138) und den hiesigen „Maschinenmenschen" (S. 297)
- Komplexität des Menschen – **Potenzial zum Guten und Schlechten**, wobei die Kriegsjahre als Zeit erscheinen, in der „das Schlechte in den Menschen immer deutlicher zutage trat" (S. 462 f.)
- Gegenkräfte gegen deprimierenden Zustand der Welt: „Schönheit der Welt" (S. 302), Liebe
- Hinweis des Brasilianers: „Ruhig wird das Herz erst, wenn wir geworden sind, was wir sein sollen." (S. 367) → Gedanke der antiken Philosophie: **„Erkenne dich selbst"** → Andeutung, dass Veit mit seiner zunehmenden Distanzierung von Krieg und Ideologie (und ggf. auch durch seine Rettung des Brasilianers) zu sich selbst finden könne (vgl. auch die Pflanzen-Metapher, S. 177)

Psychologische Lesart

- Veit Kolbe als **gemischter Charakter:** Mitläufertum/aktiver Beteiligter im Krieg auf der einen Seite *und* Anlage zu selbstständigem Denken auf der anderen Seite
- Veits Entwicklung im Verhältnis zum Nationalsozialismus:
    - **Glaube an die nationalsozialistische Ideologie** (S. 135: „Partei war die Sinngebung meiner Jugend") in der Jugend und noch zu Beginn des Krieges
    - Wehrmachtssoldat: schreckliche Kriegserfahrungen als Grundlage für Zweifel am Krieg
    - Freundschaft zum **ideologie-/systemkritischen Brasilianer** → Nähren des Zweifels (durch Gespräche, aber auch durch den Umgang des Systems mit dem Brasilianer) → Erschießen des Onkels als Auflehnung, die aber mehr persönlich als politisch motiviert ist
- traumatische Kriegserlebnisse → **posttraumatische Belastungsstörung** mit Panikattacken – geradezu **körperliche Erfahrung** (vgl. S. 65: „es war, als sei alles in meinem Körper gespeichert") → Behandlung der Anfälle mit **abhängig machendem Pervitin**
- Bedeutung **menschlicher Beziehungen** in schwirigen, unsicheren Zeiten:
    - **Stabilisierung** durch alltagsbewährte **Liebe zu Margot**, zudem **große Bereicherung** für den unerfahrenen Veit, der sich vom Krieg seiner Lebensmöglichkeiten beraubt sieht
    → Gefühl der „Geborgenheit" (S. 205)
    - **charakterliche Weiterentwicklung** durch **Freundschaft** zum Brasilianer
- weitere stabilisierende Faktoren: **Arbeit** (v. a. in der Gärtnerei), Normalität, Alltag
- Veits Notizen im Tagebuch als selbsttherapeutische Tätigkeit (vgl. auch S. 11: „Vielleicht, wenn man die eigene Geschichte erzählt, findet sie eine Fortsetzung.")
- Entwicklung eines Bewusstseins für eigene **Schuldverstrickung** („ich hatte an diesem verbrecherischen Krieg mitgewirkt", S. 347, vgl. auch S. 451 und den Tagebucheintrag auf S. 453)
- Veits Schuldempfinden, weil er Nanni nicht mit einem Brief an ihre Mutter unterstützt hat, auch als Grund dafür, warum er dem Brasilianer hilft, indem er den Onkel erschießt
- Nanni Schaller und der Brasilianer als **oppositionelle**, **widerständige Figuren:**
    - Nannis Freiheitsliebe: tödlicher Ausflug in Drachenwand als „etwas Selbstbestimmtes" (S. 320)
    - Opposition bei Nanni eher **persönlich**, beim Brasilianer stärker **politisch** motiviert
- bei **Oskar Meyer:** trotz Berichten über nationalsozialistische Untaten (insb. gegenüber Juden) lange währende **Unterschätzung**, wie **gefährlich die Situation** für ihn und seine Familie ist
→ spätere Selbstvorwürfe, weil er nicht auch noch weiterfliehen wollte (z. B. S. 401, 417)

Unterwegs sein – Lyrik

Auf einen Blick

Reisen ist nicht nur in der Lyrik ein beliebtes Thema, sondern auch in der deutschen Rock- und Poplandschaft wird das Unterwegssein immer wieder behandelt. Man denke nur an „Alles mit nach Hause" von den Toten Hosen oder an „Einmal um die Welt" von Cro.

Barock (ca. 1600–1720)

Reales Unterwegssein
- **Bildungsreisen**, Kriegszüge, „Berufsreisen", Pilgerfahrten, Handelsreisen → eher begrenzt auf kleine Schicht, aber vermehrt auch weniger Wohlhabende als Reisebegleiter

Literarische Verarbeitung
- Gedichte über das **Reisen an sich**, aber auch über bereiste Orte, Landschaften, Städte und Sehenswürdigkeiten → meist bewundernde Darstellung des Fremden, nur teilweise Kritik und Vorurteile
- oft wenig konkrete Schilderungen von Reiseeindrücken oder Landschaften, sondern **Verwendung poetischer und rhetorischer Muster**
  – exotische Landschaften oder Orte als Vergleichsmaterial, z. B. mit der Geliebten
    BEISPIELGEDICHT: Paul Fleming, *Er redet die Stadt Moskau an / als er ihre vergüldeten Türme von Fernen sahe.* (1636) → Erinnerung an die Geliebte durch die Schönheit der Stadt Moskau
  – Selbstreflexion als Folge der Reise
- **satirische Reisedichtung**, z. B. Verspottung von an Bildung uninteressierten Reisenden
- häufige **Motive:**
  – Suche nach Abstand und **Einsamkeit**, um fernab der Zivilisation zu Gott zu finden
    BEISPIELGEDICHT: Andreas Gryphius, *Einsamkeit* (1650) → Erkenntnis, dass ohne Gott nichts Bestand hat
  – Reise als **Gefahr:** Thematisierung der Begleitumstände des Reisens → Beschwörung von **Gottvertrauen** → Gott als Retter
    BEISPIELGEDICHT: Paul Fleming, *Als einer von seiner Liebsten verreisete* (1636) → Annahme des auferlegten Schicksals im Vertrauen auf den Schutz Gottes daheim und in der Fremde
  – Unterwegssein als Metapher für das Leben → Ankunft = Tod und Einkehr ins Paradies
    BEISPIELGEDICHT: Andreas Gryphius, *An die Welt* (1658) → Ende der Reise als Ankunft bei Gott
  – Reise als **Suche nach Heimat**, **Liebe**, **Gott**

Das Thema in literarischen Epochen

Aufklärung (ca. 1720–1800)

Reales Unterwegssein
- Reisen zum Zweck der **Bildung**, zum Erwerb von Welt- und Menschenkenntnis, zur **Horizonterweiterung** für das gehobene Bürgertum sowie zur Entdeckung von Handelsmärkten

Literarische Verarbeitung
- Wandern mit dem Ziel, der **Natur und dem Menschen näherzukommen** → Hinwendung zum Diesseits
- Gegensatz des Lebens in der Stadt (Kultur) und Unterwegssein auf dem Land (Natur)
- **Langsamkeit**, um die Welt genau und intensiv wahrzunehmen
  BEISPIELGEDICHT: Albrecht von Haller, *Die Alpen* (1729) → sehr detaillierte Naturbeschreibungen und genauer, intensiver Blick auf die Welt
- Pilgerreise als Entsprechung zum Lebensweg
- **Alpen als** natürlicher **Gegensatz zu Dekadenz der Zivilisation**
  BEISPIELGEDICHT: Albrecht von Haller, *Die Alpen* (1729) → in der Natur Herrschaft der Vernunft und Verzicht auf alle überflüssigen Zerstreuungen der Zivilisation
- bevorzugte Gattungen: Lehrgedicht, Satire

Sturm und Drang/Empfindsamkeit (ca. 1765–1785)

Reales Unterwegssein
- nun auch zweckfreies Reisen („**Geniereise**"), das v. a. privilegierten Männern vorbehalten ist

Literarische Verarbeitung
- Suche nach **Zuflucht in der Natur** → Ziel: Finden von Bildern, um **eigene Seelenlage auszudrücken**
  BEISPIELGEDICHT: Friedrich Gottlieb Klopstock, *Der Zürchersee* (1750) → Lob der Natur, die Stimmung widerspiegelt
- dynamisches Unterwegssein (z. B. schnelles Reiten) als Ausdruck des „drängerischen" Ichs
- Verbindung von Empfindung und Bewegung: Lob des Reisens zu Fuß → größere Nähe zur Natur
  BEISPIELGEDICHT: Leopold Friedrich Günther von Goeckingk, *Erkannte Wohltat* (1780) → nur Fußgänger kann über Wunder der Welt staunen
- Symbolcharakter des Reisens: Reise als **Reflexions- und Reifeprozess**
  BEISPIELGEDICHT: Johann Wolfgang Goethe, *Seefahrt* (1777) → Gefahren auf See, die durch Zurückbleiben hätten vermieden werden können, die im Vertrauen auf die eigene Kraft aber gemeistert werden
- Entwicklung von **Italien** zum „**Sehnsuchtsland**" → Gegenüberstellung der „rauen" Schweiz mit dem „lieblichen" Italien (in Goethes Reiseberichten und -skizzen seiner Schweizreisen)
- Wandern als Getriebensein (Thema: **Heimatlosigkeit**)
- Konflikt zwischen ungebundenem, mühevollem Leben und angenehmer, domestizierter Existenz

Klassik (ca. 1786–1805)

Reales Unterwegssein
- Fortbewegungsmittel: zu Fuß, Postkutsche → Wahrnehmung der Landschaft in Einzelbildern aufgrund **langsamer Reisegeschwindigkeit**
- **Italienreisen** (z. B. von Goethe 1786–1788) zur Begegnung mit der antiken Kultur und zur Erlangung neuer Erkenntnisse

Literarische Verarbeitung
- Reisen mit dem **Ziel der Erkenntnis** bzw. Veränderung: Wandel der Persönlichkeit bis zur **Vollendung**
- Unterwegssein als **Symbol für Reifung** (insgesamt Symbol- und Gleichnishaftigkeit der Lyrik)
  – Unterwegssein als Sinnbild einzelmenschlicher oder menschheitsgeschichtlicher Entwicklung
  – **Fortbewegung und Innehalten** als zwei Bestandteile des Reifeprozesses
  BEISPIELGEDICHT 1: Johann Wolfgang von Goethe, *Auf dem See* (1789) → Reifung eines lyrischen Ich in Auseinandersetzung mit der Natur
  BEISPIELGEDICHT 2: Friedrich Schiller, *Der Spaziergang* (1795/1800) → Spaziergang als Veranschaulichung der Kulturgeschichte
- **Sehnsucht nach Ankommen**, Frieden und Ruhe → Wandern, um Teil der Natur zu werden
  BEISPIELGEDICHT: Friedrich Schiller, *Sehnsucht* (1801) → Wunsch nach Harmonie und Einklang mit der Natur
- überwiegend diesseitsbezogen

Romantik (ca. 1795–1830)

Reales Unterwegssein
- zu Fuß; Postkutsche; ab ca. 1820: Eilwagen → **Erhöhung der Reisegeschwindigkeit**

Literarische Verarbeitung
- Entdeckung der Vorteile der Langsamkeit und **Kritik an Beschleunigung** und Eile
  → Kontrast zur Dynamik der immer rascheren gesellschaftlichen und technischen Entwicklung
- **Wanderschaft als Hauptmotiv:** Suche nach dem Inneren und Unendlichen (Symbol der Blauen Blume), aber auch Wunsch nach Welterkundung (z. B. durch Gipfelbesteigung) oder Flucht
- Neuentdeckung des **ziel- und planlosen Wanderns** → Ab- und Umwege, Verweilen nach Lust und Laune, unregelmäßiger Reiserhythmus, Vergessen der Zeit → rein subjektbezogenes Reisen
- wundersame, bewegte **Natur**, die zum Wandern und Singen animiert und zum Aufbruch in die Ferne lockt → überwiegend **positiver Blick auf das Unterwegssein** als Gegensatz zu philisterhaftem, bürgerlichem Leben
  BEISPIELGEDICHT: Joseph von Eichendorff, *Der frohe Wandersmann* (1817) → Reisen im Vertrauen auf Gott: Kennenlernen der Wunder der Welt
- Unterwegssein als Lebensreise und **ewige Wanderschaft** → lyrisches Ich als **rastlos Suchender**, dessen Wanderschaft erst im Tod ein Ende finden kann
- weitere wichtige Themen: **Sehnsucht**, **Fernweh** (oft ohne Erfüllung) → beschriebene Landschaften oft kein reales Abbild der Natur, sondern Ausdruck einer Sehnsucht nach einem Ideal
- Reisen als Bedürfnis des Menschen, um begrenztes Dasein mit Offenheit des Unterwegsseins zu vertauschen = **Überwindung der Endlichkeit des menschlichen Lebens**
- Gefühl des Eingeschlossenseins und **Sehnsucht nach Aufbruch:** Haustüre und Fenster als Symbole für Möglichkeit, dem Alltag zu entfliehen
  BEISPIELGEDICHT: Joseph von Eichendorff, *Sehnsucht* (1830/31) → Sehnsucht, die Heimat zu verlassen und in die Ferne zu reisen
- **Kreislauf** aus Aufbruch, Heimweh und Rückkehr
  – **Aufbruch:** verbunden mit Enthusiasmus, jugendlichem Aufbegehren, Abenteuer, Schönheit der Welt und Gefahr des Scheiterns
  – **Heimweh:** verbunden mit Ziellosigkeit, Einsamkeit und Wehmut
  – **Rückkehr:** verbunden mit Entfremdung, Ausgeschlossensein und erneuter Sehnsucht

Das Thema in literarischen Epochen 31

Vormärz und Biedermeier (ca. 1815–1848)

Reales Unterwegssein
- ab 1835 beginnendes **Eisenbahnzeitalter** → Zunahme der Reisegeschwindigkeit und **andere sinnliche Eindrücke:** vorbeieilende Landschaft, Maschinenlärm, Dampf

Literarische Verarbeitung
- Begeisterung, aber auch Ängste und Ablehnung: **Kritik an einer nur noch oberflächlichen Wahrnehmung** und Warnung vor Hybris des Menschen
- Wandel des Landschaftsraums: nicht mehr „der Weg ist das Ziel", sondern **Erreichen eines bestimmten Ortes** im Vordergrund → Veränderung der Proportionen und Bedeutungsverlust der Überwindung kürzerer Strecken
  BEISPIELGEDICHT: Friedrich Rückert, *Eilfahrt* (1833) → Kritik am Höherstreben der Menschen
- **Eisenbahn als Ausdruck des Fortschritts** und einer neuen, schnelllebigen Zeit → oft auch Dämonisierung der als bedrohlich empfundenen rasanten technischen Entwicklung: Eisenbahn **als Schreckenssymbol** einer apokalyptischen Endzeit → Verlust der Poesie des Reisens
  BEISPIELGEDICHT: Justinus Kerner, *Im Eisenbahnhofe* (1845) → Faszination und Schrecken des Eisenbahnzeitalters
- teilweise **begeisterte Technikbejahung:** Feier der Dampfmaschine als Genius der neuen Zeit
- Thema **Exil** bei **Heinrich Heine**

Realistische Strömungen (ca. 1848–1900)

Reales Unterwegssein
- zunehmend Vergnügungs- und Luxusreisen mit **Dampfschiff** oder **Eisenbahn**
- Reisen ans Meer und in die Berge besonders beliebt

Literarische Verarbeitung
- Wandern weiterhin Thema, allerdings vor allem als **Wanderung in die eigene Vergangenheit**, vornehmlich in Briefen, Erzählungen und anderen epischen Texten
- Unterwegssein/Wandern in der Natur oft mit Sehnsucht nach Geliebter verknüpft
- Thematisierung von technischen Fortbewegungsmitteln: Kutsche, Schiff, Eisenbahn
- **ambivalenter Blick auf Reisen** in der Lyrik: Drang nach Entdeckungen vs. Anstrengung des Reisens → **oft ironische Darstellung** des Reisens → teilweise Absage ans Reisen überhaupt
  BEISPIELGEDICHT: Theodor Fontane, *Unterwegs und wieder daheim* (1895) → Rückbesinnung auf die Vorteile der Heimat
- **Bahnfahrt als Lebensreise** (Mischung aus Bewegung und Unbeweglichkeit) → verzerrte Wahrnehmung wegen hoher Geschwindigkeit
  BEISPIELGEDICHT: Ferdinand von Saar, *Eisenbahnfahrt* (1855) → Erkenntnis des lyrischen Ich, dass das Leben flüchtig ist
- Thema **Auswanderung**
- Verzicht auf Sehnsucht des romantischen lyrischen Ich, stattdessen passive und reflexive Lebensschau → **Resignation, Melancholie und Einsamkeit statt Aufbegehren**
  BEISPIELGEDICHT: Theodor Storm, *Über die Heide* (1875) → Bewusstwerden der Vergänglichkeit des Lebens auf Herbstwanderung
- Beschreibung von **Zugunglücken** als Symbol für Weltgeschichte, die auf Untergang zusteuert
  BEISPIELGEDICHT: Karl Bleibtreu, *Schnellzug* (1886) → Gleichsetzung der raschen Eisenbahnfahrt mit Fortschreiten der Zeit, die nur durch Unglück gebremst werden kann

Unterwegs sein – Lyrik

Strömungen der Jahrhundertwende (ca. 1890–1910)

Reales Unterwegssein
- **Auto** als neue, autonome Form des Unterwegsseins → Verkehrsmittel nicht mehr nur Mittel zum Zweck, sondern Autofahren als Selbstzweck

Literarische Verarbeitung
- **Begeisterung für das Autofahren**, das als Ausdruck von **Freiheit** gedeutet wird
- verstärkte Thematisierung der neuen Fortbewegungsmittel und ihres Einflusses auf das Leben der Menschen → Darstellung von **Befürchtungen und Hoffnungen**
- **Reisen als Rückzug** (zum Teil auch Flucht) aus der gegenständlichen Welt und aus der Gesellschaft in ein Reich der Kunst und Schönheit
  BEISPIELGEDICHT: Stefan George, *Wir jagen über weisse steppen* (1891) → rasche Fahrt in wundersame Pflanzenwelt
- Unterwegssein auch als **Ausdruck von Heimatlosigkeit** und fehlender Geborgenheit
  BEISPIELGEDICHT: Hermann Hesse, *Im Nebel* (1905) → Einsamkeit und Entfremdung von der Menschheit
- Sinnbildlichkeit des Unterwegsseins: Vergänglichkeit
  BEISPIELGEDICHT: Rainer Maria Rilke, *Der Reisende* (1923) → Reflexion auf das Vergehen (u. a. der Liebe) anlässlich einer Zugfahrt

Expressionismus (ca. 1910–1925)

Reales Unterwegssein
- zunehmende Präsenz der neuen Fortbewegungsmittel (Zug, Straßenbahn, Auto, Flugzeug)
- Verlassen der vertrauten Heimat, um im **Ersten Weltkrieg** (1914–1918) zu kämpfen

Literarische Verarbeitung
- positive, aber auch negative Erfahrungen mit technischen Errungenschaften
- **Unterwegssein als Abenteuer und ekstatisches Daseinserlebnis** → seelische Entgrenzungserfahrung und kosmische Erhöhung
  BEISPIELGEDICHT: Ernst Stadler, *Fahrt über die Kölner Rheinbrücke bei Nacht* (1913) → nächtliche Eisenbahnfahrt über hell erleuchtete Rheinbrücke als geradezu ekstatisches Erlebnis
- Motiv des **Aufbruchs** (teilweise enthusiastischer Aufbruch in den Krieg)
  BEISPIELGEDICHT: Ernst Stadler, *Der Aufbruch* (1914) → Aufbruch als Belebung des Ichs
- aber auch **Heimat als wahrer Sehnsuchtsort** → Unterwegssein als Ich-Suche
  BEISPIELGEDICHT: Gustav Falke, *Wieder daheim* (1916) → nur in der Heimat Berührung des Herzens und Möglichkeit, Gefühlen Ausdruck zu verleihen
- **Großstadterleben:** Überforderung des Ichs durch Reize beim Gang durch die Stadt
- Beschleunigung der Fortbewegung als Symbol für Schnelllebigkeit, **Oberflächlichkeit und Identitätsverlust** – gelegentlich aber auch Faszination für Beschleunigung
- Flug als Symbol für **Streben der Menschheit**, die eigenen **Grenzen zu überwinden**
- neben neuen Themen und Inhalten auch **neue Formensprache**

Neue Sachlichkeit und Exillyrik (ca. 1920–1945)

Reales Unterwegssein
- unfreiwillige **Zuflucht in der Fremde** aufgrund von politischer oder religiöser Verfolgung
- Wechsel des Wohnortes, z. T. auch **innere Emigration**

Das Thema in literarischen Epochen

Literarische Verarbeitung
- enge Verknüpfung von Reisen und **Lebensreise**
  BEISPIELGEDICHT: Erich Kästner, *Das Eisenbahngleichnis* (1932) → Eisenbahnfahrt als Metapher für das Leben
- Unterwegssein im Lebensraum Großstadt
  BEISPIELGEDICHT: Kurt Tucholsky, *Augen in der Großstadt* (1932) → Schnelllebigkeit in der Stadt
- Reisen ins **Exil und Rückkehr** in fremd gewordene Heimat
  BEISPIELGEDICHT: Bertolt Brecht, *Rückkehr* (1943) → Befürchtungen vor Rückkehr in die Heimat
- Bedingungen der **Flucht**, des Ankommens in der Fremde und der **Sehnsucht nach der Heimat**
  BEISPIELGEDICHT: Mascha Kaléko, *Sozusagen ein Mailied* (1938) → Vermissen der Heimat im Exil

Lyrik der zweiten Hälfte des 20. Jahrhunderts und Gegenwartslyrik

Reales Unterwegssein
- 1950er-/1960er-Jahre: Aufkommen von **ersten Urlaubsreisen**, v. a. nach Italien
- 1970er-Jahre: zunehmende Entfernung der Reiseziele
- ab Mitte der 1970er-Jahre: Entstehung des modernen **Massentourismus** durch Pauschalreisen
- ab 1990: verstärkte **Migration** nach Deutschland → ab 2015: starker Anstieg der Einreise von Flüchtlingen und Migranten in Europa („**Flüchtlingskrise**")

Literarische Verarbeitung
- bewegter Mensch, statische Landschaft
  BEISPIELGEDICHT: W. G. Sebald, *Schwer zu verstehen* (1964) → kein Verständnis für die Landschaft, wenn man nur schnell an ihr vorbeifährt
- **Vergeblichkeit des Reisens** als Flucht vor sich selbst oder vor existenziellem Scheitern → **Hinwendung zum eigenen Inneren** statt Suche nach Zerstreuung und Abenteuer in der Ferne
  BEISPIELGEDICHT: Gottfried Benn, *Reisen* (1950) → Aufruf zum Bleiben, statt vor eigenem Ich davonlaufen zu wollen
- zunehmendes **Verschwinden des lyrischen Ich** zeigt Vergänglichkeit des Menschen, aber oft weiterhin Verknüpfung der Reiseerlebnisse mit Innenwelt des lyrischen Sprechers
- beschleunigte und nur noch bruchstückhafte Wahrnehmung → Verlust von Raum- und Zeitgefühl; **Passivität** des Reisenden und **Monotonie** der Reise
  BEISPIELGEDICHT: Wulf Kirsten, *vorübergefahren* (2001) → schnelle Fahrt verhindert tiefere Auseinandersetzung mit der Welt
- Unterschied zwischen modernen Massenreisen der Gegenwart und intensiver Naturbetrachtung der Vergangenheit → **Entpoetisierung des Reisens** → kaum Gedichte über Massentourismus
  BEISPIELGEDICHT: Hans Magnus Enzensberger, *Terminal B, Abflughalle* (1999) → Gegenüberstellung der kalten, anonymen Flughafenatmosphäre mit Wundern der Natur
- **Kritik an mobiler Massengesellschaft** mit Entfremdung, Anonymität und Hektik, aber auch **Feier des Aufbruchs** sowie der Bewegung ohne Ziel
- künstliche Isolation in Verkehrsmitteln → **Frage nach Menschsein und Menschlichkeit**
  BEISPIELGEDICHT: Jan Wagner, *Unterwegs im Nebel* (2001) → Unwirklichkeit des Autofahrens bei Nebel, das die Reisenden von der Welt entfremdet
- Veränderungen des Reisens durch moderne Entwicklungen wie z. B. den **Klimawandel**
- gegenwärtige **Migrationsbewegungen:** Flucht und Integration in der Fremde
  BEISPIELGEDICHT: Manfred Peter Hein, *Winterquartier* (2017) → Schwierigkeit der Integration von Flüchtlingen in ihrer neuen Heimat

Sprache in politisch-gesellschaftl. Zusammenhängen

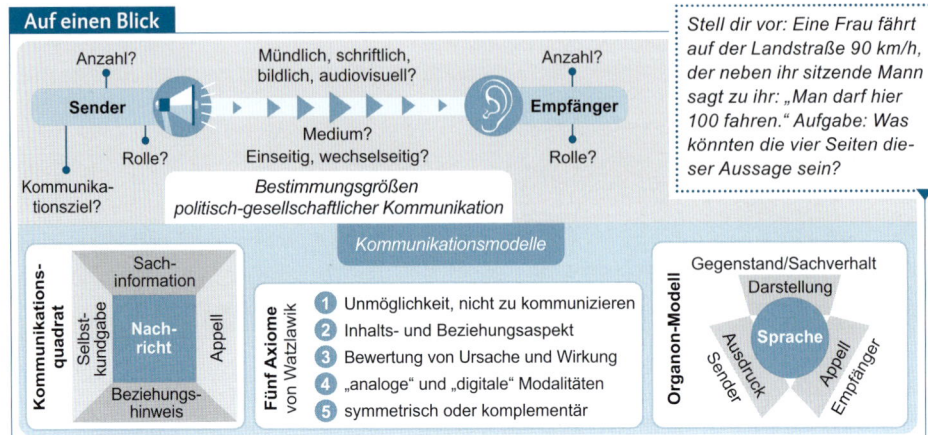

Grundlagen

- **große Breite** an politisch-gesellschaftlichen Verwendungszusammenhängen: Polit-Talkshows, Pressekonferenzen, amtliche Mitteilungen, Demonstrationen, digitale Medien mit Zugang für jeden (z. B. Twitter, Kommentarfunktion bei Onlineartikeln), Zeitungsartikel, Kabarett etc.
- grundlegende Fragen:
  - Welche **Rolle spielt Sprache** im jeweiligen Verwendungszusammenhang?
  - Inwiefern ist die politisch-gesellschaftliche Kommunikation jeweils auf **Verständigung** ausgerichtet und inwiefern ist sie **strategisches** Mittel?
  - Welche **sprachlichen Merkmale** hat die Kommunikation jeweils und wie unterscheidet sich der Sprachgebrauch in **unterschiedlichen Medien** – insbesondere im Hinblick auf die **Mündlichkeit** und **Schriftlichkeit**?

Bestimmungsgrößen politisch-gesellschaftlicher Kommunikation

- **Anzahl der Sender und Empfänger:** statt One-to-One-Kommunikation (ein Sender, ein Empfänger) eher **One-to-Many-Kommunikation** (ein Sender, viele Empfänger → z. B. Radio) oder **Many-to-Many-Kommunikation** (viele Sender, viele Empfänger → z. B. soziale Netzwerke)
- **Sender:** Kommunikation als private Person (z. B. Kommentar unter Onlineartikel), als Rollenträger (z. B. Journalist*in: Zeitungsartikel) oder in öffentlicher Funktion (z. B. Politiker*in) etc.?
- **Adressat/Empfänger:** Kommunikation gerichtet an Einzelperson (z. B. Beschimpfung über Twitter), an Gruppe (z. B. Rede bei Demonstration) oder an Öffentlichkeit insgesamt (z. B. Weihnachtsansprache des Bundespräsidenten) etc.?
- **Kommunikationsziel:** u. a. Appell, Information, Überzeugen, Warnung, Verbot, Beeinflussung
- **mediale Aspekte:**
  - mündliche (z. B. Rede), schriftliche (z. B. Parteiprogramm), bildliche (z. B. Symbol auf einem Verbotsschild) oder audiovisuelle Kommunikation (z. B. YouTube-Video) etc.?
  - Medium: Druck (z. B. Amtsblatt, Zeitung), Fernsehen (z. B. Nachrichtensendung), Internet (z. B. Twitter, Homepages), Schilder/Plakat (z. B. Demonstrationsplakat) etc.?
  - einseitige (uni-/monodirektionale) Kommunikation (z. B. Bekanntmachung am Rathaus) oder wechselseitige (bidirektionale) Kommunikation (z. B. Debatte mit der Bürgermeisterin)?

Grundsätzliche Aspekte u. Kommunikationsmodelle

Kommunikationsmodelle

Organon-Modell von Karl Bühler (1934)
- **Sprache als Werkzeug** (= organum) zur Erfassung und Beschreibung von Realität, das von Menschen zur **Kommunikation** genutzt wird
- **drei Elemente** von Kommunikation: **Sender** kommuniziert mit **Empfänger** (mithilfe eines Sprachzeichens) über **Sachverhalt** → **Sprachzeichen** hat drei Dimensionen:
  - **Darstellungsfunktion:** Sprachzeichen als Symbol für Gegenstand oder Sachverhalt
  - **Ausdrucksfunktion:** Ausdruck von Verfassung des Senders
  - **Appellfunktion:** Appell an Empfänger
- **Uneindeutigkeit sprachlicher Zeichen** und Abhängigkeit von Gefühlen, Bewertungen o. Ä.
- je nach **Absicht des Sprechers** und Gewichtung ist eine Funktion besonders hervorgehoben

Fünf Axiome von Paul Watzlawick (1967)
- **Axiom 1:** Man kann nicht nicht kommunizieren – Kommunikation ist mehr als Austausch sprachlicher Zeichen → in Gesellschaft **keine Möglichkeit, sich Kommunikation zu entziehen**, z. B. auch Schweigen als Form von Kommunikation
- **Axiom 2:** Jede Kommunikation hat einen **Inhaltsaspekt** (Übermittlung von Informationen) und einen **Beziehungsaspekt** (Verdeutlichung der Beziehung der Gesprächspartner*innen) → es gibt keine rein informative Kommunikation, sondern Beziehung beeinflusst Inhaltswahrnehmung
- **Axiom 3:** Kommunikation ist immer Bewertung von Ursache und Wirkung → unterschiedliche **Wahrnehmung von Ursache und Wirkung** in der Kommunikation
- **Axiom 4:** Menschliche Kommunikation bedient sich „**analoger**" **Modalitäten** (nonverbale Äußerungen wie Mimik, Körpersprache, Tonfall → häufig Vermittlung der Beziehungsebene) und „**digitaler**" **Modalitäten** (verbale Äußerungen → häufig Vermittlung der Inhaltsebene) → Verständnisprobleme, wenn Modalitäten sich widersprechen (z. B. Drohung mit Lächeln)
- **Axiom 5:** Kommunikation ist **symmetrisch** (Gleichberechtigung der Gesprächspartner*innen → Kommunikation auf Augenhöhe) oder **komplementär** (Über- bzw. Unterlegenheit der Gesprächspartner*innen, die sich in ihrem Verhalten ergänzen)

Kommunikationsquadrat von Friedemann Schulz von Thun (1970er)
- **Annahme:** Jede Äußerung enthält vier Botschaften (vier Seiten einer Nachricht) gleichzeitig (→ Kommunikationsquadrat): **Sachinformation** (worüber Sprecher informiert), **Selbstkundgabe** (was Sprecher von sich zu erkennen gibt), **Beziehungshinweis** (was Sprecher vom Empfänger hält bzw. wie er zu ihm steht), **Appell** (was Sprecher beim Empfänger erreichen möchte)
  → **Sender sendet vier Botschaften** („vier Münder"), **Empfänger empfängt vier Botschaften** („vier Ohren") → gelingende Kommunikation abhängig vom **Zusammenspiel** der Botschaften
- **Beispiel für gestörte Kommunikation:** Unterhaltung von zwei Schülerinnen über die gerade geschriebene Klausur → Sender: „Das war echt leicht, oder?"
  - **Sachinformation (Sender):** Die Klausur war leicht. ↔ **Interpretation** der Sachinformation **(Empfänger):** Die Klausur war leicht.
  - **Selbstkundgabe (Sender):** Die Klausur ist bei mir echt gut gelaufen. ↔ **Interpretation** der Selbstkundgabe **(Empfänger):** Die Klausur ist bei mir echt gut gelaufen, weil ich so schlau bin.
  - **Beziehungshinweis (Sender):** Dir ging es bestimmt genauso, oder? ↔ **Interpretation** des Beziehungshinweises **(Empfänger):** Ich halte mich für schlauer als dich.
  - **Appell (Sender):** Erzähl mir, wie es bei dir gelaufen ist. ↔ **Interpretation** des Appells **(Empfänger):** Erzähl mir, dass es bei dir nicht gut gelaufen ist.

Sprache in politisch-gesellschaftl. Zusammenhängen

Politische Kommunikation zwischen Informieren und Beeinflussen

- politische Kommunikation: öffentliche Kommunikation mit politischen Inhalten → insbesondere Kommunikation von **Politikerinnen und Politikern** gegenüber den **Bürgerinnen und Bürgern**, aber auch die Kommunikation anderer **politisch relevanter Akteure**, u. a. Vertreter von Interessenverbänden, Non-Profit-Organisationen, Bürgerinitiativen
- Kommunikation und Sprache im öffentlichen Raum als essenzielle Bestandteile von Politik
- Sprache mit **Doppelfunktion:** als Mittel, mit dem politische Akteure über Positionen, Vorhaben, Maßnahmen etc. **informieren** (Informationsfunktion), und als Mittel, mit dem **Einfluss genommen** bzw. **Zustimmung erstrebt** wird (Persuasionsfunktion, von lat. *persuadere*: überreden)
→ z. B.: „Die von uns geplante Erhöhung des Kindergeldes führt zu mehr sozialer Gerechtigkeit." (Information: Vorhaben Kindergelderhöhung; Persuasion: Werben um Zustimmung, u. a. mithilfe des Schlagworts „soziale Gerechtigkeit")
- Politik per se als gesellschaftliches Feld, in dem um **politische Macht** (z. B. Regierungsmacht, aber auch Macht innerhalb einer Partei) gerungen wird → Sprache als Mittel, Macht zu erlangen
- Zwiespalt politischer Akteure: Erwartung ehrlicher Kommunikation vs. Notwendigkeit strategischer Kommunikation
- politische Kommunikation oft als **Kampf um Deutungshoheit**, u. a. mithilfe von Framing (z. B.: Zuwanderung als Problem oder als Chance?)
- große Bedeutung der klassischen **Massenmedien** als **Vermittlungsinstanz** zwischen Politik und Bevölkerung; ABER: zunehmend direkte Kommunikation zwischen politischen Akteuren und der Bevölkerung über **soziale Medien** → Kampf um Aufmerksamkeit in diesen Medien besonders stark
- oft **zwei oder mehr Adressaten(kreise)** politischer Aussagen (z. B. Talkshow: andere Gäste <u>und</u> Zuschauer*innen als Adressaten): oft Simulation sachlich-informativen Austauschs, aber eigentlich Ziel der Persuasion
- PR-Agenturen in beratender und gestaltender Funktion, insb. im Wahlkampf und bei Kampagnen
- politische Akteure meist rhetorisch geschult (auch in der Gestik) → Ausrichtung auf Wirkung

Sprache und Kommunikation im politischen Feld

Sprachliche Merkmale politischer Kommunikation

- semantische Kämpfe: **Bezeichnungskonkurrenz** (Welcher Begriff bezeichnet einen bestimmten Sachverhalt [z. B. „Krieg" vs. „Intervention"]?) und **Bedeutungskonkurrenz** (Welche Bedeutung hat ein bestimmter Begriff [z. B. „Freiheit" im liberalen vs. sozialdemokratischen Sinn]?)
- **ideologischer Wortschatz:** Wortschatz, der der ideologischen Ausrichtung der Sprechenden entspricht
- Rolle von **Schlagworten:** u. a. Hochwertwörter, mit denen bestimmte positive Emotionen verbunden werden (z. B. „Freiheit"), ↔ Wörter („Stigmawörter"), mit denen bestimmte negative Emotionen verbunden werden (z. B. „Terror")
- **einprägsame Bilder/Metaphern:** meist zur **Veranschaulichung** politischer Zusammenhänge oder Maßnahmen
- **Euphemismen:** oft als Beschönigung unliebsamer Maßnahmen/Zusammenhänge
- **Framing** (von engl. *frame*: Rahmen): Setzung eines bestimmten **Deutungsrahmens** (durch gewisse Wörter und Metaphern, aber auch durch Auswahl bestimmter Aspekte der Realität), der i. d. R. eine **bestimmte Perspektive, Haltung, Wertung** etc. vermittelt bzw. beim Empfänger hervorrufen soll (→ oft zu manipulativen Zwecken) – **Beispiele:**
  – Begriff „Machthaber" statt „Präsident" → eher Vermittlung einer negativen Sicht auf die Person
  – Formulierung „Klimawandel" statt „Klimakrise" → Konnotation, Klima ändere sich von selbst
  – Nennung der Nationalität bei Darstellung von Verbrechen, die von Ausländern oder Ausländerinnen begangen worden sind → Deutungsrahmen, dass die Herkunft eine Rolle spiele
  – offen oder implizit wertende Namen für Gesetze (z. B.: „Gute-KiTa-Gesetz"), auch mit euphemistischen Anteilen (z. B.: „Geordnete-Rückkehr-Gesetz")
- **konkrete Beispiele**, um Bürgernähe zu zeigen (z. B.: „Mein Bäcker um die Ecke …")
- häufiger Vorwurf an politische Akteure: fehlende Eindeutigkeit, Phrasenhaftigkeit („Wir wollen das Land voranbringen."), ausweichende Antworten („Darüber werden wir sprechen müssen …")
- stärkere Ausrichtung der Kommunikation auf jeweiliges Publikum der verschiedenen Kanäle: z. B. Versuch mancher Politiker*innen, auf Instagram mithilfe jugendlicherer Ansprache jüngere Menschen für sich zu gewinnen
- in der Presse/im Internet: Überschriften in **Frageform**, die den Eindruck erwecken, es sei etwas Wichtiges aufgedeckt worden (z. B.: „Coronaimpfung doch schädlicher?")

Beispiel: Populistische Kommunikation und Sprache

- **Populismus** (von lat. *populus*: Volk): Politik, die sich durch die **Abgrenzung von „Eliten"** volksnah gibt, sich auf den „Willen des Volkes" beruft und mit vereinfachenden, oft dramatisierenden Aussagen **Stimmungen** in der Bevölkerung erzeugen will, um diese für sich auszunutzen
- Populismus ohne festen Platz im politischen Spektrum, findet sich aber eher an den Rändern
- Nährboden für Populismus: **Unzufriedenheit** in (Teilen) der Bevölkerung; Gefühl, „von denen da oben" **nicht gehört** zu werden; **Verunsicherung** durch schnelle Veränderungen; **Skandale**
- häufige **Mittel** des Populismus:
  – Anbieten scheinbar **einfacher Lösungen** für komplexe Probleme; Schwarz-Weiß-Denken
  – Fokus auf „Führungspersonen" und auf ein emotionalisierbares Thema (z. B. Migration)
  – Nutzung der immer gleichen Frames (z. B. „Die Flüchtlinge…!"), insb. **negativer Frames**
  – **drastische**, auf Gefühle ausgerichtete **Rhetorik** und **plakative**, **polarisierende Sprache**
  – direkte Ansprache, um Publikumsnähe herzustellen, und Erzeugung eines Wir-Gefühls
- soziale Medien als Stütze des Populismus: direkte Kommunikation mit „dem Volk"

Sprache in politisch-gesellschaftl. Zusammenhängen

Auf einen Blick

SOZIALE MEDIEN / INTERNET
- kostenlos, schnell, verfügbar
- interaktiv
- Möglichkeit eines Bürgerjournalismus → demokratische Teilhabe

„Fünfte Gewalt" (Pörksen)
- digitale Öffentlichkeit als „fünfte Gewalt"
- Konnektiv statt Kollektiv
- radikaler Pluralismus
- Gefahr der „Erregungsgesellschaft" und eines „Modus der Kurzfristigkeit"

← Medienkonkurrenz →

KLASSISCHE MASSENMEDIEN
- vierte Gewalt im Staat
- Funktionen: Kontrolle, Meinungsbildung, Information
- Qualitätskriterien und Pressekodex

Bedeutungsverlust → wirtschaftliche Schwierigkeiten

Reaktionen der Massenmedien
- Erweiterung des Angebots auf digitalen Bereich
- soziale Medien als Kanal für Aufmerksamkeitserzeugung
- Aufmerksamkeitskonkurrenz: Anpassung an den Trend der Dramatisierung bzw. Skandalisierung?
- Erklärjournalismus als neue Schwerpunktsetzung?

> „Was wir über die Gesellschaft, ja über die Welt, in der wir leben, wissen, wissen wir durch die Massenmedien."
> (Niklas Luhmann)

Die klassischen Massenmedien

- klassische Aufgaben der Massenmedien (Fernsehen, Rundfunk, Presse) und des Journalismus in der Demokratie:
  - **Kontrollfunktion:** Kontrolle und Kritik der Mächtigen
  - **Meinungsbildungsfunktion:** Anstoßen von Debatten und Meinungsbildung
  - **Informationsfunktion:** Aufklären über politische, soziale, kulturelle Fakten und Hintergründe
  → Journalismus eigentlich als **vierte Gewalt** im demokratischen Staat (neben Legislative, Judikative, Exekutive): gesellschaftliches Korrektiv
- Journalismus mit verschiedenen Qualitätskriterien, die zum einen die inhaltliche Seite (z. B. Kriterien „Aktualität", „Originalität"), aber auch die (sprachliche) Darstellungsform betreffen (z. B. Kriterien „Objektivität", „Verständlichkeit")
- **Pressekodex** als Form der freiwilligen Selbstkontrolle der Printmedien: u. a. Verpflichtung zu Wahrhaftigkeit, Sorgfalt, Schutz der Persönlichkeitsrechte, Diskriminierungslosigkeit
- Deutschland als Mediendemokratie: demokratischer Staat, in dem Medien eine tragende Rolle bei der öffentlichen Meinungsbildung spielen
- Folge der großen Bedeutung der Medien: Tendenz zur **Darstellungspolitik** (vs. Entscheidungspolitik) mit zunehmender **Inszenierung** des politischen Diskurses → die Positionen müssen der Bevölkerung „verkauft" werden (z. B. in TV-Debatten)
- u. a. Frage, inwiefern Massenmedien durch ihre Themensetzungen („Agenda-Setting") oder auch durch ihre Art der Berichterstattung **Einfluss** nehmen (wollen)

Medienwandel und Journalismus

Der Medienwandel der letzten Jahrzehnte

- Medienwandel innerhalb der letzten drei Jahrzehnte: Neben die klassischen Massenmedien sind zunehmend das **Internet** und heutzutage insbesondere die **sozialen Medien** getreten
- vielfältiges, **kostenloses Angebot im Internet**, um sich zu informieren, Texte und Meldungen zu veröffentlichen, sich dialogisch auszutauschen **(Interaktion)** → **Ergänzung zu klassischem Journalismus**, der über Neue Medien auch ein größeres Publikum erreichen kann

Medien im Wandel

- Vorzüge der Nachrichtenverbreitung via Internet: große **Geschwindigkeit** und **Aktualität**; hohe Verfügbarkeit; Unabhängigkeit von Printmedien, Kiosk etc.
- Möglichkeit des **Bürgerjournalismus: Jeder** kann **journalistisch tätig** werden, seine Texte im Netz publizieren oder Artikel kommentieren → Individuum nicht mehr nur Konsument, sondern Sender von Informationen („Web 2.0"; „Produser"); **demokratische Teilhabe** an Meinungsbildungsprozess; many-to-many-Kommunikation (nicht mehr linear und one-to-many)

Auswirkungen des Medienwandels auf den Journalismus

- **Verlust des Informationsmonopols:** Journalisten und Journalistinnen nicht mehr „Gatekeeper" (Türhüter), die bestimmen und auswählen, worüber berichtet wird → ggf. neue Rolle als „Gatewatcher", der Kommunikation lenkt, oder als „Barkeeper", der „Nachrichten-Cocktail" (Jochen Hörisch) mixt und gehaltvolle Zusammenstellungen von Nachrichten liefert
- Journalismus in der **Medienkonkurrenz:**
  – Bedeutungsverlust des klassischen Journalismus (insbesondere der Presse) → schwierige **wirtschaftliche Lage** von Presseunternehmen („Zeitungssterben")
  – Erweiterung des Angebots auf den digitalen Bereich
  – mangelnde Bereitschaft der Leserschaft, für digitale Inhalte zu bezahlen (Paywalls)
  – soziale Medien als Kanäle, über die der Journalismus Aufmerksamkeit für seine Inhalte bzw. medialen Angebote erzeugt
  – Folgen der Aufmerksamkeitskonkurrenz: Gefahr, dass sich der Journalismus dem Trend zur **Dramatisierung** und **Skandalisierung** in den sozialen Medien anpasst („Brüllwettbewerb"); inflationäre Eilmeldungen (→ Verärgerung der Leser*innen); Schnelligkeit als Qualitätskriterium (→ Veröffentlichung von ungeprüften News; ABER: Nachhaltigkeit von Publikationen im Netz)
  – **Erklärjournalismus** als mögliche Schwerpunktsetzung: Beleuchten von Hintergründen statt lediglich Vermittlung von „News"
- Wandel der Kommunikation: Kritik kaum noch über Leserbriefe, die redaktionell gefiltert werden, sondern über **Kommentare unter Artikeln** (oder auch über soziale Netzwerke), bei denen lediglich die Einhaltung der Richtlinien kontrolliert wird → häufig wenig konstruktiver Ton, nicht durchdachte Äußerungen oder auch bewusstes „Ausleben" von Aggressionen

Die „fünfte Gewalt" – die Macht der Vielen

- These der **„fünften Gewalt"** (nach Bernhard Pörksen) → neben die drei Staatsgewalten (Legislative, Exekutive, Judikative) und die vierte Gewalt (Massenmedien) sei als fünfte Gewalt die digitale Öffentlichkeit v. a. in sozialen Medien getreten – getragen von der Masse von Einzelnutzern
- Vernetzung als zentrales Prinzip: **„Konnektiv"** (von engl. *connect:* „verbinden") statt Kollektiv
- spontane Selbstorganisation statt gelenkter Fremdorganisation
- radikaler **Pluralismus:** Vielgestaltigkeit, keine einheitliche Ideologie
  – **Potenzial zum Guten** → z. B. Aufdeckung von Missständen, Plagiatsenthüllung, Thematisierung von Sexismus
  – **Potenzial zum Schlechten** → z. B. Mobbing, „Shitstorms", Fake News
- mögliche Probleme:
  – Entwicklung hin zu einer **„Erregungsgesellschaft"** (Pörksen), in der oft v. a. „laute" und polarisierende Äußerungen den Diskurs bestimmen → Aufmerksamkeitskonkurrenz
  – Tendenz zu einem „Modus der Kurzfristigkeit" (Pörksen) statt Blick für langfristige Probleme
- mögliche Vorteile: **Demokratisierung** der politisch-gesellschaftlichen Kommunikation durch „fünfte Gewalt", indem die Sender-Empfänger-Hierarchie aufgelöst ist

Sprache in politisch-gesellschaftl. Zusammenhängen

Auf einen Blick

YouTube als Diskurs-Plattform
- meist direkte Kommunikation
- z. T. konzeptionelle Schriftlichkeit, oft aber auch spontane Äußerungen (eher einfache Sprache)
- Sprache: Begrüßungsformel, direkte Ansprache, Anschlusskommunikation

Hatespeech
- oft Fremdenfeindlichkeit, Antisemitismus, Homophobie
- Muster: Falschaussagen, Stereotype, Wir-/Die-Rhetorik etc.
- mögliche Gegenmaßnahmen: Pflicht zur Löschung von Hatespeech; Verpflichtung zu Klarnamen; Strafverfolgung

Hatespeech kann teuer werden: 2021 musste ein 25-Jähriger eine Strafe von 5 400 € zahlen, weil er im Internet den Hanauer Bürgermeister beleidigt und bedroht hatte.

Kommunikation bei Twitter
- Gefahren: Unterkomplexität, misslingende Kommunikation, Skandalisierungspotenzial
- schnelle Meinungsbildungsprozesse
- Sprache: Kürze, Tendenz zu konzeptioneller Mündlichkeit, Emojis und Emoticons

Fake News
- Fake News: meist Ziel der Manipulation
- sprachliche Merkmale: polarisierende, stark wertende Sprache, direkte Adressierung des Publikums
- Notwendigkeit eines kritischen Umgangs mit Internetmeldungen

Besonderheiten der Internetkommunikation

- **Übermenge** an Informationen und Meldungen im Internet – meist **ohne Filterung, Gewichtung, Einordnung** (z. B. durch professionelle Journalistinnen und Journalisten)
- Phänomen „**Clickbaiting**" (von engl. *bait*: ködern): Erhöhung der Klickzahlen mithilfe übertreibender, reißerischer Überschriften, die Neugier erzeugen, aber vom Inhalt kaum gedeckt sind
- **Trolle:** Internetnutzer*innen, die die **Onlinekommunikation** (Foren, Kommentare etc.) gezielt mithilfe von provokanten, oft radikalen Beiträgen **stören**, teilweise mit politischer Agenda
- **Social Bots**, die automatisiert bestimmte Meldungen in den sozialen Medien „pushen"
- Internet als Medium der **Einflussnahme** durch Organisationen, Parteien, politische Systeme etc.: Nutzung der „fünften Gewalt" zur (politischen u. interessegeleiteten) Meinungssteuerung
- **Mikrotargeting:** zielgenaue Ausrichtung der Inhalte und der verwendeten Sprache auf bestimmte Gruppen (über soziale Medien) → Tendenz zur Verfestigung bestehender Meinungen
- Problem der **Filterblasen** durch **Algorithmen:** Ableitung von Leseinteressen aus dem Lese-/Klickverhalten → Grundlage für Vorschläge weiterer Beiträge mit gleicher Tendenz → Verstärkung der eigenen Haltung, weil Gegenmeinungen/-argumente kaum mehr ins Blickfeld rücken
- **Memes:** insb. witzige Bild-Text-/Video-Text-Kombinationen, die sich in sozialen Netzwerken schnell verbreiten → oft zur **Unterhaltung**, aber z. T. auch als Mittel der **Meinungsäußerung** (oft in ironisch-satirischer Form) – ABER: auch als Mittel **politischer Beeinflussung** genutzt

Fake News

- Fake News (= „gefälschte Nachrichten"): **Falschnachrichten**, die in der Regel mit **Täuschungsabsicht** in Umlauf gebracht werden (weitere Begriffe: Hoax, Desinformation)
- auch im klassischen Journalismus möglich, aber insbesondere ein Problem der Digitalisierung
- meist Ziel der **Manipulation**, insb. zu brisanten Themen (z. B. Flüchtlingskrise, Coronapolitik) – teilweise auch zu **propagandistischen Zwecken**
- sprachliche Merkmale im Unterschied zu journalistischen Meldungen: **polarisierende, stark wertende Aussagen** und **direkte Adressierung** der Rezipienten und Rezipientinnen
- Notwendigkeit eines **kritischen Umgangs** mit Meldungen im Internet: z. B. Quellenprüfung; aufmerksamer Blick für die **Machart** (u. a.: Belege und deren Qualität); **Abgleich** mit anderen Meldungen zum gleichen Thema; Nutzung von Faktenchecks (z. B. *Correctiv, Mimikama*)

Diskussionsfelder der digitalen Kommunikation

YouTube als Plattform für öffentlich-politischen Diskurs

- große Breite: von **fundierter Politikkritik** bis hin zu **Verschwörungserzählungen**
- meist direkte Kommunikation mit Publikum (vs. Fernsehen: meist Kommunikation zwischen zwei/mehreren Personen, z. B. bei Polit-Talkshows)
- z. T. **konzeptionelle Schriftlichkeit** (z. B. bei Vortrag schriftlich ausformulierter Texte), oft aber auch spontane **mündliche Äußerungen** (→ insb. dann eher einfache Sprache)
- häufige sprachliche Merkmale: spezifische Begrüßungsformel/Einleitung, die neugierig macht; **direkte Ansprache** der Zuschauerschaft; oft Anregung zur **Anschlusskommunikation** („Schreibt mal in die Kommentare …"), insbesondere am Ende der Videos; oft eher jugendlich-lockere Sprache (→ Ausrichtung auf meist jüngeres Publikum)

Sprache und Kommunikation auf Twitter

- Beschränkung auf geringe Anzahl von 280 Zeichen pro Tweet:
  - Reduzierung auf wesentliche, z. T. einfache Aussagen → ggf. Gefahr von **Unterkomplexität**
  - häufig telegrammartiger Stil → dadurch ggf. Gefahr von **misslingender Kommunikation**
  - Notwendigkeit, schnell auf den Punkt zu kommen
- „Gefällt mir"-Markierungen: unmittelbare Signalisierung von Zustimmung über einen Button
  → Förderung von Bewertungen **ohne weitere Differenzierungen** → Polarisierung
- große Geschwindigkeit der Verbreitung – digitale Kommunikation quasi in Echtzeit:
  - Möglichkeit **schneller Meinungsbildungsprozesse**, zugleich aber Gefahr von Vereinfachungen, überhasteten Kommentaren, „Shitstorms" etc. → großes **Skandalisierungspotenzial**
  - Kurznachrichten können durch Weiterverbreitung ungewollte **Reichweite** entfalten
- Merkmale der Sprache auf Twitter (wie z. T. auch bei anderen Digitaldiensten, z. B. WhatsApp):
  - Verwendung von **Emojis** (und Emoticons) als bildliche Elemente in der Schriftkommunikation → insbesondere zur schnellen Mitteilung von **Gefühlen** oder **Bewertungen**
  - Tendenz zu **konzeptioneller Mündlichkeit**, d. h. zur Verwendung von mündlichen Sprachmustern im schriftlichen Medium: Umgangssprache, Verkürzungen (z. B. *Hab nen Eis gegessen*), Akronyme (z. B. *lol*), Inflektive aus Comicsprache (z. B. *seufz*), Großschreibung zur Betonung etc.

Phänomen Hatespeech

- Hatespeech = **Hassrede:** Äußerungen, die Menschen im Internet abwerten oder angreifen und zu Hass und Gewalt gegen bestimmte Personen(gruppen) aufrufen
- **verschiedene Hintergründe** (z. B. Fremdenfeindlichkeit, Antisemitismus, Homophobie)
- **Muster von Hatespeech:** bewusste Verbreitung von falschen Aussagen, Stereotypen und Vorurteilen, Tarnung als Humor/Ironie, Wir-/Die-Rhetorik, Verschwörungstheorien
- **oft nicht von Meinungsfreiheit** gedeckt (Volksverhetzung, Beleidigung, Aufruf zu Straftat …)
- Hass-Äußerungen **kein reines Netzphänomen**, aber **Enthemmungseffekt** des Internets, da sich Hass schnell, einfach und anonym verbreiten kann und da ein direktes Gegenüber fehlt
- **Folgen von Hatespeech:**
  - Hatespeech als **Nährboden für reale Übergriffe**
  - **Verzerrung des Meinungsbilds** im Netz und Polarisierung → schweigende, unsichtbare Mehrheit wird nicht mehr wahrgenommen → Verzerrung und Vereinfachung von Tatsachen
- diskutierte Gegenmaßnahmen: **Verpflichtung** für Portale/soziale Netzwerke, Hatespeech zu **löschen**; Verpflichtung zu **Klarnamen** im Internet (vs. Anonymität); konsequente **Strafverfolgung**, höhere Strafen; **Sensibilisierung** für Funktionsweise und Folgen von Hatespeech

42 Sprache in politisch-gesellschaftl. Zusammenhängen

Leichte Sprache in der behördlichen Kommunikation

- Diskussion, ob **behördliche Kommunikation** (Internetseiten, Wahlbenachrichtigungen, Formulare etc.) verbindlich auch in „Leichter Sprache" angeboten werden soll
- **Leichte Sprache** = Sprache mit bestimmten **Regeln**, die dem Prinzip der **besonders leichten Verständlichkeit** verpflichtet sind (kurze Sätze, keine Passivsätze, nur 1 Aussage pro Satz, kein Konjunktiv, einfache Satzstruktur mit den Satzgliedern Subjekt, Prädikat, Objekt etc.)
- Ziel: Ansprache von Menschen, die die **Sprache schlechter beherrschen** → **Barrierefreiheit**
- kommunikationstheoretisch: **Ausrichtung der Botschaft auf den Empfänger**, um gelingende Kommunikation zu sichern; Veränderung der dominant-komplementären **Sender-Empfänger-Beziehung** in Richtung einer **inklusiv-symmetrischen Beziehung**
- **Pro-Argumente:**
  - **gesellschaftliche Teilhabe und Integration** von Menschen mit Sprachschwierigkeiten
    → mehr Selbstbestimmung (z. B. bei Informationssuche)
  - **Verringerung** sozialer Ungleichheit
  - **weniger Aufwand** und **reibungsloserer Ablauf** bei bestimmten Vorgängen, z. B. wenn behördliche Mitteilungen oder Formulare dadurch weniger der Erklärung bedürfen
  - kein Nachteil für Menschen, die die Sprache gut beherrschen
- **Kontra-Argumente:**
  - Behinderung der kognitiven und sprachlichen Entwicklungsmöglichkeiten durch Fokus auf die Leichte Sprache → ungewollte **Verstärkung von Ausgrenzung**
  - **Verminderung** von sprachlicher **Ausdrucks- und Differenzierungsfähigkeit**
  - durch sprachliche Vereinfachung immer auch **Beeinträchtigung des Inhalts**

Politisch korrekte Sprache

- **Political Correctness** (laut Duden): Einstellung, die alle diskriminierenden Ausdrucksweisen und Handlungen ablehnt
- **diskriminierende**, mit negativen Assoziationen verbundene **Bezeichnungen** (auch **Slurs** genannt) mit Bezug auf mehr oder weniger genau definierte Bevölkerungsgruppe, z. B. „Zigeuner"
- **Schimpfwörter/Beleidigungen:** Angriff auf positives Selbstbild des Gegenübers

Diskussionsfelder der Sprachreglementierung

- **Tabuwörter:** Wörter mit Bezug zu Lebensbereichen, die mit gesellschaftlichen Tabus belegt sind, z. B. Körperfunktionen, Geschlechtsorgane und sexuelle Handlungen, Krankheiten und Tod → meist **ersetzt durch klinische Ausdrücke oder euphemistische Umschreibungen**
- Argumente von **Befürwortern** politisch korrekter Sprache:
  - **Beeinflussung** des **Bewusstseins**/des **Denkens** durch Sprache
  - Maßnahme gegen Tradierung von (z. B. rassistischen) **Stereotypen**
  - Vermeidung von Diskriminierungsgefühlen bei Betroffenen
- Argumente von **Kritikern** politisch korrekter Sprache:
  - keine Veränderung der Wirklichkeit durch ersetzende Begriffe, stattdessen oft sogar **Verharmlosung gesellschaftlicher Missstände** unter Deckmantel mildernder Benennung
  - **Eingriff in freie Rede** („Sprachpolizei") und Vorwurf der **Ideologisierung** der Sprache
  - übertriebener Schutz von Minderheiten sorge überhaupt erst für Diskriminierung
- Frage nach dem Umgang mit diskriminierenden Wörtern in **Kinderbuchklassikern** (z. B. mit dem rassistischen Wort „Neger"):
  - **Gefahr** der unbewussten Übernahme diskriminierender Ausdrücke durch Kinder → Forderung, die diskriminierenden Begriffe durch **nicht-diskriminierende Begriffe zu ersetzen**
  - Gegenargumente: Eingriff in Literatur, obwohl mit Begriffen im Kontext keine Diskriminierung verbunden wird; Gefahr der Enthistorisierung (= Verdecken des geschichtlichen Kontextes, in dem das Werk entstanden ist) → Alternative: **Auseinandersetzung mit Kindern** über Sprachwandel, z. B. mithilfe von **Erläuterungen** im Buch
- **„Cancel Culture":** politisches Schlagwort für den Ausschluss bestimmter Personen oder Organisationen aus der Öffentlichkeit wegen eines Fehlverhaltens, insbesondere wegen politisch nicht korrekter Aussagen → Vorwurf der Zensur bzw. der Beschneidung der Meinungsfreiheit

Gendergerechte Sprache

- **Ziel: Gleichberechtigung** in der Sprache durch **Sichtbarmachung** (explizite Nennung der Geschlechter) oder **Neutralisierung** (Vermeidung eines Bezugs zum biologischen Geschlecht)
  - **Möglichkeiten der Sichtbarmachung** (Beispiele): Schrägstrich *(Sportler/-innen)*; Binnen-I *(ArbeiterInnen)*; Paarform *(Lehrerinnen und Lehrer)*; Sternchen und Unterstrich *(Schüler*innen, Schüler_innen* → auch nichtbinäre Menschen werden sichtbar gemacht)
  - **Möglichkeiten der Neutralisierung** (Beispiele): substantivierte Partizipien *(Studierende)*, geschlechtsindifferente Ausdrücke *(Lehrkräfte)*
- **Pro-Argumente:**
  - **Beeinflussung des Denkens** und damit der Wirklichkeit durch die Sprache → alleinige Nennung der männlichen Form („generisches Maskulinum") erzeuge falsches Bild in den Köpfen
  - **Förderung** der im Grundgesetz verankerten **Gleichberechtigung** → explizite Ansprache aller gemeinten Personen, anstatt Frauen (und auch nichtbinäre Menschen) nur „mitzumeinen"
- **Kontra-Argumente:**
  - **Verkomplizierung** der Sprache und **Störung des Leseflusses**
  - teilweise **Widerspruch zu amtlichen Rechtschreibregeln**
  - keine Aufhebung der Benachteiligung allein durch sprachliche Gleichberechtigung, ggf. sogar **Verschleierung** weiterhin bestehender **Ungerechtigkeiten** (Vorwurf der Symbolpolitik)
  - kontraproduktive Wirkung von Formulierungsvorgaben, die **Unwillen** erzeugen
- **kreative Formen des gendergerechten Formulierens** zur Vermeidung komplizierter Wendungen, die den Lesefluss stören, z. B. Umschreibungen mit Relativsatz *(Wer Fahrrad fährt, sollte einen Helm tragen.)*, Passivkonstruktionen *(Die Medaillen werden später verliehen.)*

Allgemeines

Auf einen Blick

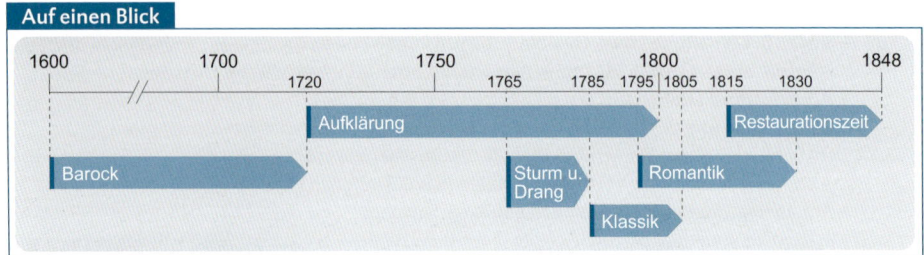

Barock (ca. 1600–1720)

- Hintergründe: Entwicklung der modernen Wissenschaften; Aufblühen des Humanismus; Absolutismus mit extremen sozialen Spannungen; große Religiosität und Religionskonflikte; **Dreißigjähriger Krieg** mit verheerenden Auswirkungen
- **Vanitas** (lat. leerer Schein, Nichtigkeit, Eitelkeit) als Zentralmotiv → **Memento mori** (lat. Gedenke des Todes): Abkehr von der Welt / Konzentration auf das Jenseits oder **Carpe diem** (lat. Genieße den Tag): Genuss des flüchtigen Moments → Streben nach Ordnung in Form und Inhalt
- starkes Formbewusstsein, **Dominanz geregelter Formen** (z. B. **Sonett** mit Alexandriner, um antithetisches Denken auszudrücken); **Regelpoetik:** poetisches Schreiben ausgehend von Regeln
- Lyrik als dominierende Gattung, aber auch Drama (Tragödien mit mythologischen Stoffen) und Epik (v. a. Schäfer- und Schelmenroman)
- vorherrschende Themen: **Krieg**, **Tod**, **Vergänglichkeit**, Religion und Scheinwelt

Aufklärung (ca. 1720–1800)

- Hintergründe: (aufgeklärter) Absolutismus; Säkularisierung und Deismus (rationaler Zugang zu Gott); Aufstieg des Bürgertums
- Orientierung an der menschlichen **Vernunft** → distanziertes Verhältnis zu Emotionen → **Empfindsamkeit** mit Aufwertung des Gefühls **als Gegenbewegung**
- **autonomes Individuum** mit Menschenrechten im Zentrum → **Toleranz** als zentraler Wert
- Themen: Ständekritik, Toleranz, Bildung, **Humanität**, **Erkenntnisfähigkeit** des Menschen
- Stilideal der **Klarheit und Verständlichkeit**
- **lehrhafte Kurzformen** der fiktionalen Literatur: Fabel, Parabel, Lehrgedicht, Epigramm, Ode und Fortsetzungsroman → Literatur soll nützlich sein

Sturm und Drang (ca. 1765–1785)

- Hintergründe: große soziale Ungerechtigkeit; absolutistische Machtpolitik und Fürstenwillkür → Aufbegehren der jungen Generation
- **starker Subjektivismus** mit Mensch als erlebendem und empfindendem Subjekt im Mittelpunkt → **Gefühlskult und Aufbruchsstimmung**
- Aufwertung der Emotionalität als **Gegenbewegung zum Rationalismus der Aufklärung**
- jugendliche **Protestbewegung**, die Fürstenwillkür, soziale Ungleichheit, materielle Not und rigide Moralvorstellungen anprangert
- Autonomie des Künstlers und seines Kunstwerkes → **Geniekult**, **Schöpfergedanke**
- Abkehr von Regelpoetiken → **Leidenschaftlichkeit der Sprache:** Ausrufe, Hyperbeln, Metaphern, Kraftausdrücke und Neologismen

Literaturgeschichte

- Themen: **Herz**, Natur, Freundschaft, **Liebe**, **Freiheit**, politischer Widerstand, Gerechtigkeit
- **Erlebnislyrik:** Wiedergabe der unmittelbaren Empfindungen des lyrischen Ich in freien Rhythmen, reimlosen Versen und hohem Pathos, aber auch in Einfachheit des Volkslieds
- freiere Formen (z. B. offenes Drama); Briefroman zur Ausgestaltung individuellen Erlebens

Klassik (ca. 1786–1805)

- Hintergründe: Französische Revolution mit Terrorherrschaft; „Musenhof" unter Herzogin Anna Amalia in **Weimar** (Zusammenarbeit von **Goethe und Schiller**)
- Leitgedanken: **Harmonie**, Ausgleich der Gegensätze, **Würde**, **Humanität**, Toleranz, Selbstbestimmung, Beherrschung und Mäßigung (*Edle Einfalt, stille Größe*)
- **Ideal des Guten, Wahren und Schönen** → Forderung nach ethischer Vervollkommnung durch Orientierung an der Antike → **Erziehung des Menschen** als Aufgabe der Kunst
- überzeitliches **Humanitätsideal** → historische Umstände, Alltagssprache oder politisches Ideal spielen keine Rolle → Vorwurf an Klassik, bestehende Verhältnisse zu stützen
- Themen: Humanität, **Freiheitsidee, Harmonie von Pflicht und Neigung**
- Ideal der **Formstrenge:** harmonische Verbindung von Inhalt, Sprache und Aufbau
- Lyrik: klassische Formen (z. B. Elegien und Epigramme); Drama: metrisch gebundene Sprache, hoher Stil, geschlossene Form, historische/antike Stoffe; Epik: Bildungsroman

Romantik (ca. 1795–1830)

- Hintergründe: Französische Revolution mit Terrorherrschaft; zunehmendes Nationalbewusstsein durch Kriege gegen Napoleon
- Idee der Abhängigkeit des Menschen von einem Absoluten oder Unendlichen → Wiederannäherung an religiöse Denkformen → Poesie als Medium des Absoluten (**Universalpoesie**, in der alle Gattungen und Künste vereint sind) → Streben nach **Gesamtkunstwerk**
- Blick nach innen → „**Blaue Blume**" als Symbol für metaphysische **Sehnsucht nach dem Fernen und Unerreichbaren** sowie den eigentlichen Seinszusammenhängen
- Themen und Motive: Natur als Bereich des Unendlichen, **Sehnsucht**, **Traum**, **Wahnsinn**, Entgrenzung, Einsamkeit, Vergänglichkeit, Reisen, Wandern, Nacht, Fantastisches
- Idealisierung des Mittelalters und aufkommendes Nationalbewusstsein → Interesse an Volksdichtung, z. B. **Volkslied**, **Märchen** → leichte Verständlichkeit, Wohlklang, „musikalische" Sprache
- Anschreiben **gegen Philistertum und Bürgerlichkeit**
- „**romantische Ironie**": Aufzeigen der Unerreichbarkeit des Absoluten durch Texte, die sich selbst und ihre Entstehungsbedingungen reflektieren oder kommentieren
- Roman als universale Form, in der Lyrik enthalten ist (kaum Dramen)

Restaurationszeit (ca. 1815–1848)

- Hintergründe: Wiener Kongress 1815 und Restaurationspolitik; **Märzrevolution** 1848 – zunehmende Einschränkung der Freiheit, Zensur → verschiedene Strömungen: **Biedermeier** (Resignation, Rückzug ins Private), **Vormärz** und **Junges Deutschland** (politisches Aufbegehren)
- rationale Haltung und Orientierung an Fakten → Abkehr von der Romantik
- Themen des Biedermeier: **Familie, Ordnung, Beschaulichkeit**, Idylle → **heile poetische Welt**
- Themen des Vormärz und des Jungen Deutschlands: **soziale und politische Missstände** → **Kampf gegen soziales Elend und Unterdrückung** als Aufgabe der Literatur
- Veröffentlichungen in Zeitungen und Zeitschriften → vorwiegend kleinere literarische Formen

Auf einen Blick

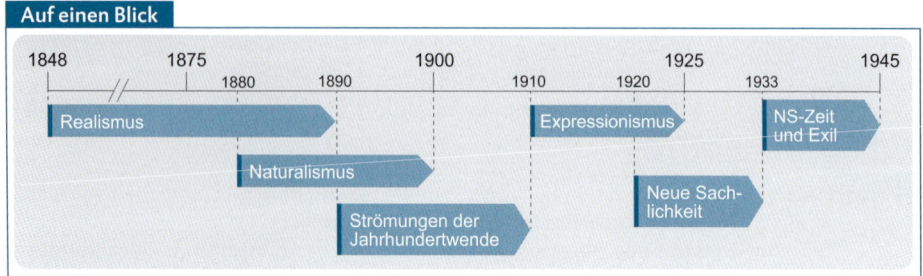

Realismus (ca. 1848–1890)

- Hintergründe: Scheitern der Revolution von 1848; Gründung des Deutschen Kaiserreichs 1871 → preußischer Militarismus; Bürgertum als führende Schicht; Verschärfung der Sozialen Frage durch Industrialisierung; Verstädterung → **Orientierungslosigkeit** durch Verlust von Normen
- **„objektive" Schilderung** der unmittelbaren Lebenswelt, aber **Ausklammerung des Hässlichen/Niederen** sowie der Sozialen Frage → **Poetisierung** der Wirklichkeit
- Bürgertum als tragende Schicht → Darstellung **bürgerlicher Milieus und Ideale**, aber auch **historischer Stoffe** mit überzeitlichem Geltungsanspruch → Streben nach Nationalliteratur
- Themen: **Liebe**, **Vergänglichkeit**, **Heimat**, **Naturerleben**
- Entstehung eines Literaturmarktes → Verbreiterung der Leserschaft → **Unterhaltungsliteratur**
- Roman und Novelle als zentrale Gattungen; in der Lyrik v. a. Balladen
- Stil: gewählte, **neutrale Sprache**; **Humor und Ironie**

Naturalismus (ca. 1880–1900)

- Hintergründe: **Milieutheorie = Mensch als Produkt der ihn umgebenden Verhältnisse:** Vererbung, Milieu, historische Umstände; **Industrialisierung und Proletarisierung** → Verschärfung der Sozialen Frage, Anwachsen der Großstädte zu Metropolen
- **radikalisierter**, **konsequenter Realismus** mit Wegfall der verklärenden Poetisierung → Blick auf **hässliche Wirklichkeit sozialen Elends** und Kritik an sozialen Verhältnissen
- „Kunst = Natur – X" (A. Holz): **möglichst Entsprechung von Kunst und Natur**, Faktor X (Autor und seine Subjektivität) soll möglichst klein sein
- Themen: **Armenmilieus**, **Familienprobleme** unterer Schichten, **Doppelmoral**, **Großstadt**, dunkle und hässliche Seiten des Lebens, Kriminalität, Geisteskrankheit, Alkoholismus
- **sozialkritisches Drama** als bedeutendste Gattung
- präzises Beobachten, **Sekundenstil** (Erzählzeit = erzählter Zeit), natürliche Sprache (z. B. Dialekt)

Strömungen der Jahrhundertwende (ca. 1890–1910)

- Hintergründe: Infragestellen der Selbstbestimmtheit des Menschen durch die **Psychoanalyse**; starrer Wilhelminismus → Entstehung eines grundlegenden **Krisenbewusstseins** → Strömungen des **Impressionismus und Symbolismus** als Weg nach innen mit quasireligiöser Aufladung
- Idee einer reinen, sich selbst genügenden Kunst („l'art pour l'art") als **Gegenströmung zum Naturalismus** → **keine politische Funktion der Kunst**, sondern Flucht in eine Gegenwelt
- Träger: großbürgerliche Bohème, die sich in Kaffeehäusern selbst feiert
- **Impressionismus:** Wiedergabe eines subjektiven Sinneseindrucks mit höchster Intensität

Literaturgeschichte

- **Symbolismus:** Absolutheitsanspruch der Kunst, gegen Abbildungsfunktion der Kunst gerichtet
- Themen: **Abgrenzung zum naturalistischen Erfassen** der Realität, Besinnung auf das „Ich", Individualität, Subjektivität, Sprache, Kultur, Vergänglichkeit
- kürzere, zum Teil auch experimentelle Formen; **symbolische Verdichtung, Verfeinerung der Sprache**, Auflösung traditioneller Formen, **Bewusstseinsstrom**, innerer Monolog, erlebte Rede

Expressionismus (ca. 1910–1925)

- Hintergründe: **Verstädterung** und Anonymisierung, technischer Fortschritt, erstarrte wilhelminische Gesellschaft → verschärftes Krisenbewusstsein, **Sinnkrise**, Erster Weltkrieg
- Pathos des Aufbruchs und unbedingter Wille zum **Ausdruck des Erlebens**
- Bedrohung des Subjekts durch **Ich-Zerfall** → Darstellung des Körpers in Verfallszuständen
- pathetische **Beschwörung eines neuen Menschen**, der Liebe und Verbrüderung lebt („**O-Mensch!"-Expressionismus**)
- **Großstadt** (v. a. Berlin) als Ort der Reizüberflutung, Orientierungslosigkeit und Anonymität
- Erfahrung der Verhältnisse des Kaiserreichs als verkrustet → **Kriegsbegeisterung** bei einigen Autoren – nach Kriegserfahrung häufig **Pazifismus** und Verarbeitung der Erlebnisse
- Themen: Lebens- und Vitalkult, **Krieg** und Pazifismus, **Weltende und Apokalypse**, Krise des Ich, Tabus (Ästhetik des Hässlichen: Geisteskrankheit, Prostitution, Verbrechen), **Großstadt**
- **Lyrik** als präsenteste Gattung → **Reihungsstil**, elliptische Konstruktionen, Neologismen, Farbmetaphorik, Auflösung syntaktischer Regeln, Verdinglichung
- Dramatik: **Stationendrama** (lose Szenenfolge), **Wandlungsdrama** (Wandlung eines Einzelnen)

Neue Sachlichkeit (ca. 1920–1933)

- Hintergründe: von vielen abgelehnte Weimarer Republik; wirtschaftliche Schwierigkeiten aufgrund von Reparationslasten; „Goldene Zwanziger" mit kultureller Vielfalt
- dezidierte **Abkehr vom Expressionismus** und Hinwendung zur **Lebensrealität** mit ihren sozialen und wirtschaftlichen Verhältnissen und zum **sachlich-nüchternen Schreiben**
- Bewusstsein von Desillusionierung und Übergang in eine neue Zeit (Schwellenzeit-Gefühl)
- Themen: Großstadt, Verarbeitung des Kriegs, **Probleme der „kleinen Leute"**, Alltagsleben
- **Gesellschafts- und Zeitromane**, Dokumentartheater und **Episches Theater**
- Mischung von **journalistischen, dokumentarischen und literarischen Anteilen** → kühl-distanzierte, **einfache, verständliche Sprache**

NS-Zeit und Exil (1933–1945)

- Hintergründe: **nationalsozialistische Herrschaft** mit totalitärer Durchdringung des gesamten Lebens → „**Gleichschaltung**" der Kunst und Literatur durch Bücherverbrennung, Verfolgung und Zensur; **Zweiter Weltkrieg**, Erfahrung des Exils → Freitod zahlreicher Autoren
- **NS-Literatur:** regimekonform; **Gestaltung ideologischer Motive** wie Rasse, Führertum, Deutschtum, Kampf, Gewalt, Blut-und-Boden-Ideologie → stereotype Metaphern
- **innere Emigration: getarntes Schreiben** als geistige Opposition gegen Ungeist des NS-Regimes → gehobene, oft verschlüsselte Sprache; Schreiben in europäisch-humanistischer Tradition
- **Exilliteratur:** Humanität, Opposition zur NS-Ideologie, Zeigen des „anderen" Deutschlands
- Roman vorherrschende Gattung (Reflexion der eigenen Situation), Drama nur Nebenrolle (Ausnahme: Bertolt Brecht), Verarbeitung der emotionalen Situation in der Lyrik
- Abkehr vom Stil des Expressionismus → Bevorzugung traditioneller Formen

Allgemeines

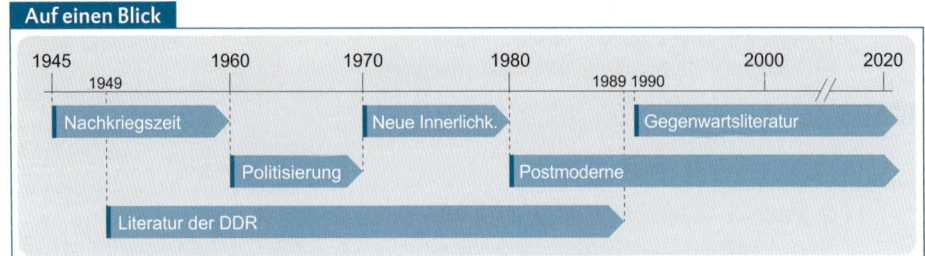

Literatur der Nachkriegszeit und des Wiederaufbaus (1945 – ca. 1960)

- Hintergründe: Ende des Zweiten Weltkriegs; **Welt in Trümmern**; „Stunde Null"; Aufteilung Deutschlands in vier Besatzungszonen; **Wiederaufbau**; Gründung der Bundesrepublik und der DDR; „Kalter Krieg"; Wirtschaftswunder; Scham, Schuld, Verdrängung angesichts der NS-Zeit
- **„Trümmerliteratur"**: Betonung der Traumatisierung durch Krieg und Zerstörung
- **„Literatur des Kahlschlags"**: Betonung des Neubeginns wegen Belastung der Sprache durch Missbrauch im NS-System → Frage, inwieweit Dichtung nach NS-Verbrechen noch möglich ist
- Themen: Schrecken des Kriegs, **Heimkehr**, Orientierungslosigkeit, Schuld, Scham, Klage und Anklage, Versuch der **Aufarbeitung der Vergangenheit**
- Aufkommen der **Kurzgeschichte**, zeitkritische Dramen, oft hermetische Lyrik mit schwer verständlichen Chiffren oder konkrete Poesie als sprachexperimentelle Lyrik
- Stilideal der **Nüchternheit**, Verzicht auf Pathos → **schmucklos-karge Sprache**, indirekte Ausdrucksformen (Parabeln, Chiffren, Gleichnisse)

Politisierung der Literatur (1960er-Jahre)

- Hintergründe: existenzielle Bedrohung durch „Kalten Krieg" → **Angst vor einem Atomkrieg**; Vietnamkrieg → Distanzierung von den USA; Große Koalition → Entstehung der **APO** → **68er-Bewegung** als Protestbewegung mit antiautoritären und pazifistischen Zielen
- Diskussionen über Verhältnis von Literatur und Politik → Gesellschafts- und Zeitkritik als Aufgabe der Literatur → **Politisierung der Literatur**
- Themen: **gesellschaftspolitische und soziale Probleme**, **Kritik an Verdrängung der NS-Vergangenheit**, Frage nach Rolle der Eltern im NS-Staat, deutsche Teilung
- politischer Zeitroman, **Dokumentartheater**, **politische Lyrik** und experimentelle Gedichte
- Forderung von Verständlichkeit und Abkehr von jeglichen Ideologien → teilweise Auflösung der Grenzen zwischen literarischen und nicht-literarischen Formen

Neue Innerlichkeit / Neue Subjektivität (1970er-Jahre)

- Hintergründe: Rückzug vom Politischen vs. Radikalisierung (**RAF**-Terror); Entstehung der **Frauenbewegung**; Entspannung im Ost-West-Konflikt (Ostpolitik Brandts, KSZE-Schlussakte)
- **Resignation und Identitätssuche** → Aufwertung des Individuums und seiner Subjektivität → **Neue Subjektivität/Neue Innerlichkeit**: Gestaltung subjektiver Wirklichkeit und Verarbeitung innerer Erfahrung → Tendenz zu **autobiografischer Bekenntnisliteratur**
- gesellschaftskritische **feministische Literatur** mit Infragestellung traditioneller Rollenbilder
- Themen: **Selbstfindung**, **Selbsterfahrung und Innenschau**, Alltag und Beziehungen, Erleben des Einzelnen im Spannungsfeld zur Gesellschaft, Gewaltstrukturen im Geschlechterverhältnis

Literaturgeschichte

- Lyrik und Epik als bevorzugte Gattungen zur Darstellung von Innerlichkeit
- Streben nach **Authentizität:** Tendenz zu sprachlicher Kunstlosigkeit und Umgangssprache, zugleich emotionale und subjektive Sprache

Postmoderne (Strömung der 1980er-Jahre bis heute)

- Hintergründe: **Ökologie** als neues Thema in der Politik; allmähliche Liberalisierung des Ostblocks durch Gorbatschow; atomare, ökologische, soziale Katastrophen → neues **Krisenbewusstsein**
- zunehmende **Vielgestaltigkeit der Literatur** und Fortwirken der Tendenzen der 1970er-Jahre
- Nebeneinander verschiedener „Literaturen": Jugendliteratur, Trivialliteratur, experimentelle Literatur, gesellschaftskritische Literatur
- Annahme der Beliebigkeit von Wirklichkeit → **Infragestellen von Ideologien und Werten**
- **Konstruktivismus:** Wahrheit als gesellschaftliches Konstrukt → Pluralität von Sinnentwürfen
- Aufwertung der **Unterhaltsamkeit von Literatur** → Öffnung hin zu „Trivialgattungen" wie Schauerroman oder Kriminalroman
- Roman als bevorzugte Gattung → zahlreiche **intertextuelle Bezüge**
- Nebeneinander und **Montage verschiedener Stile und Formen**, Vorliebe für **Ironie**

Literatur der DDR (1950–1989)

- Hintergründe: Gründung der **DDR** als Teil des totalitär regierten, sozialistischen Machtblocks unter der Herrschaft der Sowjetunion; Abschottung gegenüber dem Westen; **Stasi** → Kontrolle und **Zensur**; ab 1985 Stärkung der Bürgerrechtsbewegung; 1989 friedliche Revolution/Mauerfall
- staatlich verordnete Strömung des **Sozialistischen Realismus:** antifaschistisch, antikapitalistisch, arbeiternah → Ideal des selbstlosen und leistungsbereiten Arbeiters für das Gemeinwohl
- staatlich verordnete **Aufbauliteratur** der 1950er-Jahre: Überlegenheit des Sozialismus gegenüber Faschismus/Imperialismus
- „**Bitterfelder Weg**": Arbeiter als Schriftsteller und Schriftsteller als Arbeiter → **Idealisierung des Arbeiters** in der Literatur
- staatlich kontrollierte **Ankunftsliteratur** der 1960er-Jahre: Einrichten im Sozialismus
- **nicht systemkonforme Literatur:** subversive Aussagen, die durch Anspielungen, Verschlüsselungen und Verlegungen des Stoffs in den Mythos an Zensur vorbeikommen
- Epik und Lyrik als zentrale Gattungen; Liedtexte als kritische Ausdrucksform

Tendenzen der Gegenwartsliteratur (1990 – heute)

- Hintergründe: Wiedervereinigung 1990; Vormarsch **digitaler Massenmedien** (Internet, Smartphones, E-Books, soziale Netzwerke); islamistische Terroranschläge und Kampf gegen den Terror; **Globalisierung**; Flüchtlingsproblematik; Umgang mit Daten
- **Pluralismus:** gleichberechtigtes Nebeneinander verschiedener Menschenbilder und Kulturen → Herausforderung für Literatur, komplexer werdende Welt zu verarbeiten
- **Vermarktbarkeit** als zentrales Kriterium für Literatur → zunehmende Produktion von **Unterhaltungsliteratur** bzw. von Übersetzungen aus dem Ausland
- Themen: **Identität des Einzelnen** in globalisierter Welt, Auseinandersetzung mit DDR (**Wendeliteratur**), provokante Selbstinszenierung junger Schriftsteller und Aufgreifen von Alltagsthemen (**Popliteratur**), Fremdheitserfahrung (**interkulturelle Literatur**), biografisches Schreiben
- Roman als vorherrschende Textform
- facettenreiche Sprache, die z. T. an Ausdruckskraft verliert (→ Ausrichtung auf breites Publikum)

Sachtexte

Essay
- geistreiche und sprachlich anspruchsvolle Abhandlung zu einem Thema aus z. B. Wissenschaft, Politik, Gesellschaft, Literatur, Religion (auch: Gedankenspaziergang vor den Augen des Lesers)
- ausgehend von konkreter Fragestellung werden in freier, oft unsystematischer Form Pro- und Kontrapositionen rhetorisch geschickt dargestellt, wobei persönliche Ansichten und Erlebnisse im Vordergrund stehen können
- gekennzeichnet durch Leichtigkeit, Unbefangenheit und stilistische Virtuosität, oft Verzicht auf objektive Nachweise und definitive Antworten

Glosse
- zugespitzte, wertende Anmerkung zu tagesaktuellem Thema mit abschließender Pointe
- satirische Form des Kommentars, oft zahlreiche rhetorische Mittel (z. B. Hyperbel, Ironie)

Interview
- Wiedergabe eines Frage-Antwort-Gesprächs zwischen Journalist und einer oder mehreren Personen (meist des öffentlichen Lebens, d. h. aus Film/Fernsehen, Politik, Sport usw.)
- Ziel ist z. B. Klärung eines strittigen Sachverhalts, Vorstellung einer Person, Meinungsäußerung

Kommentar
- subjektiv wertender Meinungsbeitrag zu aktuellem bzw. allgemein bekanntem Thema
- Autor (immer namentlich genannt) legt persönlichen Standpunkt sprachlich geschickt dar, versucht Leser argumentativ zu überzeugen, teils ironisch-spöttischer Stil
- beginnt meist mit Hintergrunderläuterungen zum Thema und endet mit Fazit bzw. Appell

Rede
- öffentlicher Vortrag (basierend auf schriftlichem Konzept) zu einem gesellschaftlichen, privaten oder geschäftlichen Thema, oft mit dem Ziel, Zuhörer von den eigenen Ansichten zu überzeugen
- geschickter Einsatz rhetorischer Mittel und Adressatenbezug durch direkte Ansprache

Rezension
- anschaulich und präzise formulierte Zusammenfassung und persönliche Bewertung eines Buchs, einer Theaterinszenierung oder eines Films
- Ziel: Leser informieren und ggf. Empfehlung abgeben

Epik

Fabel
- unterhaltsame Erzählung von geringem Umfang mit lehrhafter Schlusspointe
- die Handelnden sind Tiere, die für menschliche Eigenschaften stehen (z. B. Biber → Fleiß)
- endet in der Regel mit „Moral" = Lehre für den Menschen

Kurzgeschichte
- Geschichte, die in einem Zug zu lesen ist (< 20 Seiten)
- handelt meist von alltäglichen Begebenheiten, die eine überraschende Wendung nehmen
- wenige Figuren, oftmals „Typen" (keine Namen, übertragbar)
- in der Regel nur ein Handlungsstrang, umfasst relativ kurze Zeitspanne, kein Ortswechsel
- beginnt mit unmittelbarem Einstieg, keine Vorstellung der Figuren, rascher Handlungsverlauf (→ Höhepunkt), endet offen (d. h. mehrere Ausgänge der Handlung denkbar)

Textsorten

Märchen
- Ort und Zeit unbestimmt, formelhafte Sprache *(Es war einmal …)*
- Figuren/Verhalten in „gut" und „böse" einteilbar, das Gute gewinnt → belehrender Charakter
- Gegenstände und Figuren aus mittelalterlicher Gesellschaft *(Königssohn)* oder magischer Welt *(Zauberspiegel)*, übernatürliches Geschehen *(Hexerei)*, oft magische Zahlen (3, 7, 12)

Novelle
- Erzählung mittlerer Länge, in deren Mittelpunkt ein außergewöhnliches Ereignis steht
- Handlung in der Regel einsträngig mit Höhe-/Wendepunkt und geschlossenem Ende
- oft Leitmotive oder wiederkehrende Dingsymbole, Einfluss des Zufalls auf Schicksal der Figuren

Roman
- Erzählung von großem Umfang mit zahlreichen komplexen Figuren und Handlungsverläufen
- oft psychologisch ausgestaltete Hauptfigur
- zahlreiche Genres: Kriminalroman, Liebesroman, Abenteuerroman, Fantasyroman usw.

Dramatik

Komödie
- unterhaltsames, humorvolles Theaterstück, oftmals mit klassischem Aufbau (fünf Akte)
- Protagonisten geraten aufgrund ihrer Schwächen in Konflikt, der sich immer weiter verschärft
- endet mit glücklicher Auflösung des Konflikts, in der Regel gewinnen die „Guten"

Tragödie
- tragisches, emotional bewegendes Theaterstück, oft mit klassischem Aufbau (fünf Akte)
- Protagonisten geraten durch schicksalhafte Fügungen (z. B. Verlieben in die „falsche Person") oder menschliche Fehltritte in schwerwiegenden Konflikt
- endet meist mit dem dramatischen Tod des Helden/der Heldin und weiterer Figuren

Lyrik

Ballade
- Gedicht, in dem auf anschauliche, lebendige Weise eine Geschichte erzählt wird (Erzählgedicht)
- formal: Strophen, Verse, Reime, Metrum; sprachlich: oft wörtliche Rede; inhaltlich: spannender Handlungsverlauf (Themen: z. B. Liebe, Heldentaten) → vereint Lyrik, Epik und Dramatik

Lied
- sangbares Gedicht mit durchgängig der gleichen Strophenform (meist Übereinstimmung der Strophe mit einem Satz)
- alternierende Verse mit Kreuz- oder Paarreim und schlichte, gut verständliche Sprache
- oft unmittelbarer Ausdruck lyrischer Empfindungen bzw. individuellen Erlebens → besondere Beliebtheit in der Romantik

Sonett
- sprachlich und formal kunstvoll gestaltetes Gedicht
- in der Regel strenger Aufbau: zwei Quartette (Strophen aus vier Versen) gefolgt von zwei Terzetten (Strophen aus drei Versen)
- häufig inhaltlicher Gegensatz zwischen Quartetten und Terzetten, letzte Verse oft wie Pointe

Stilmittel	Beispiel
Akkumulation: Anhäufung von Wörtern ohne Nennung eines Oberbegriffs	Sonne, Mond und Sterne
Allegorie: systematisierte Metapher, die durch Reflexion erschließbar ist	Justitia (Gerechtigkeit)
Alliteration: aufeinanderfolgende Wörter mit gleichem Anlaut	wunderbare Welt, Kind und Kegel, zehn zahme Ziegen
Allusion: Anspielung	Du weißt, was ich meine.
Anapher: gleicher Anfang aufeinanderfolgender Sätze/Verse	Gehe nach Hause. Gehe dorthin, so schnell du kannst.
Anrede: Hinwendung an den Adressaten	Meine Damen und Herren, …
Antithese: einander entgegengestellte Begriffe, Bedeutungen oder Gedanken	Ruhe auf dem Land, Lärm in der Stadt, Himmel und Hölle
Aphorismus: knapp formulierter Sinnspruch	Die Zeit heilt alle Wunden.
Archaismus: veralteter sprachlicher Ausdruck	Seid gegrüßt, holde Maid!
Assonanz: vokalischer Gleichklang	sobald, Obacht, Wohlklang
Asyndeton: Reihung ohne Konjunktionen	Er kam, sah, siegte.
Chiasmus: Überkreuzstellung	Der Einsatz war groß, klein war der Gewinn.
Chiffre: Zeichen, dessen Inhalt rätselhaft und letztlich nicht zu erfassen ist	Purpurne Seuche, Hunger, der grüne Augen zerbricht.
Diminutiv: Verkleinerungsform	Blümlein, Mäuschen
Ellipse: unvollständiger Satz, fehlende Satzteile	Je früher, desto besser.
Enjambement: Satz greift auf nächsten Vers über	Die Wolken fliegen / über das weite Land.
Epipher: gleiches Ende aufeinanderfolgender Sätze/Verse	Alle lieben den Hund. Die Nachbarn reden nur noch über diesen struppigen Hund.
Euphemismus: beschönigende Umschreibung, Untertreibung	Wir müssen Personal abbauen. (anstatt: Wir müssen unseren Mitarbeitern kündigen.)
Exclamatio: Ausruf	Hoch soll er leben!
Geminatio: unmittelbare Wiederholung eines Wortes oder Satzteils	Geh, geh!
Hyperbel: sehr starke Übertreibung	Ich warte hier schon drei Millionen Jahre auf dich.
Inversion: Abweichung von normaler Satzstellung	Am Straßenrand eine seltene Pflanze ich sah.
Ironie: versteckter Spott, gemeint ist das Gegenteil von dem, was geschrieben bzw. gesagt wird	Du bist mir ja ein Superhirn! (anstatt: Das war dämlich von dir.)

Stilmittel

Stilmittel	Beispiel
Klimax: (meist dreischrittige) Steigerung	Sie *kicherten*, *lachten*, *grölten*.
Lautmalerei: Nachahmung eines (Natur-)Lautes	Klingeling, Kikeriki, Ticktack
Litotes: Bejahung durch doppelte Verneinung	Die Schüler sind nicht unwillig.
Metapher: bildhafter Ausdruck mit übertragener Bedeutung, Vergleich ohne Vergleichspartikel	Du bist die *Sonne* meines Lebens. Dein Haar ist *flüssiges Gold*. Wir stehen am *Fuß des Berges*.
Metonymie: Verwendung eines Ausdrucks in übertragener Bedeutung (Gesagtes und Gemeintes stammen aus demselben Wirklichkeitsbereich)	Deutschland jubelt, Kafka lesen, eine Tasse trinken
Neologismus: Wortneuschöpfung	Himmelsengelsstimme
Oxymoron: Kombination aus Wörtern, die sich widersprechen	bittersüß, alter Knabe, Hallenfreibad, Eile mit Weile
Paradoxon: inhaltlich unlogische und widersinnige Aussage, meist in Form eines ganzen Satzes	Der Schmerz des Verlusts erfüllte sein Herz mit Freude.
Parallelismus: aufeinanderfolgende Sätze oder Satzteile mit gleichem Satzbau	Nina traf Nils im Park. Max besuchte Tatjana im Café.
Parenthese: Einschub	Dieses Buch – *ich möchte ehrlich sein* – hat mir nicht gefallen.
Periphrase: Umschreibung eines Begriffs	„der Gefallene" für „Sünder"
Personifikation: Gegenständen oder abstrakten Begriffen werden menschliche Fähigkeiten / Eigenschaften zugeschrieben	*Der Wind spielte* mit ihrem Haar und *streichelte* ihre Wange.
Pleonasmus: Häufung sinngleicher Wörter	Sie ist *brav*, *nett*, *lieb*.
Polysyndeton: Verbindung zwischen Wörtern und Satzteilen durch mehrmalige Wiederholung derselben Konjunktion	*Und* es wallet *und* siedet *und* brauset *und* zischt.
Rhetorische Frage: Scheinfrage, erwartet keine Antwort	Wer hat noch nie einen Fehler gemacht? Hast du vollkommen den Verstand verloren?
Symbol: Sinnbild, das für Abstraktes steht	rote Rose (für Liebe), weiße Taube (für Frieden)
Synästhesie: Vermischung von Sinnesgebieten	goldene Töne
Synekdoche: Ein Teil steht für das Ganze (auch Pars pro toto) oder das Ganze steht für einen Teil (auch Totum pro parte).	ein Dach über dem Kopf haben, eine Bibliothek lesen
Vergleich: bildhafter Ausdruck, durch Vergleichswort (*wie*, *als*) mit Gemeintem verknüpft	Sie ist leicht *wie eine Feder*, er ist schwer *wie ein Elefant*.

Bild- und Quellennachweise

Bildnachweis:
S. 12 (R. Seethaler): GARY DOAG /Alamy Stock Foto
S. 20 (A. Geiger): © picture alliance / Erwin Elsner

Quellen:
S. 12: Zitat von Robert Seethaler: Interview von Julia Rothhaas mit Robert Seethaler (Süddeutsche Zeitung, 15./16.9.2018)

S. 20: Zitat von Arno Geiger: Interview von Michel Ries (SWR1) mit Arno Geiger (https://www.swr.de/swr1/bw/swr1leute/arno-geiger-108.html)

S. 26: Zitate von Arno Geiger:
Interview von Andrea Gerk (DLF) mit Arno Geiger (https://www.deutschlandfunkkultur.de/arno-geiger-ueber-seinen-roman-unter-der-drachenwand-jede.1270.de.html?dram:article_id=407604);
Interview von Olga Tsitiridou mit Arno Geiger (https://assets.dtv.de/media/50/23/b4/1662119103/Lesekreismaterial_Arno_Geiger_Unter_der_Drachenwand.pdf);
Interview von Michel Ries (SWR1) mit Arno Geiger (https://www.swr.de/swr1/bw/swr1leute/arno-geiger-108.html);
Interview des Senders FM4 mit Arno Geiger (https://fm4.orf.at/stories/2888188/)

S. 36:
Zitat von Norbert Lammert: https://www.bwstiftung.de/fileadmin/bw-stiftung/Publikationen/Stiftung/Stiftung_Perspektive_2017-01.pdf;
Politische Kommunikation zwischen Informieren und Beeinflussen:
https://www.bpb.de/themen/parteien/sprache-und-politik/42678/einstieg-sprache-und-politik

S. 39:
Zitat von Jochen Hörisch: https://www.fr.de/kultur/heute-sind-journalisten-barkeeper-gefragt-11026122.html;
Die „fünfte Gewalt" – die Macht der Vielen: https://koerber-stiftung.de/mediathek/die-fuenfte-gewalt-der-skandalforscher-bernhard-poerksen-im-gespraech-mit-christoph-kucklick;
https://www.sueddeutsche.de/kultur/klimawandel-hype-kalifornien-anthropozaen-1.5371804

S. 42: Zitat von Sibylle Lewitscharoff: https://www.welt.de/kultur/plus189999687/Sibylle-Lewitscharoff-ueber-Sprachpolizei-und-Gender-Unfug.html

Verwendete Buchausgaben:
Robert Seethaler: Der Trafikant. Zürich/Berlin: Kein & Aber 2012.
Arno Geiger: Unter der Drachenwand. 2. Aufl. München: dtv 2019.
Büchner, Georg: Woyzeck. Leonce und Lena. Hrsg. v. Burghard Dedner. Stuttgart: Reclam 2005 (RUB 18420).